唐物的文化史

〔日〕河添房江 著

汪勃 〔日〕山口早苗 译

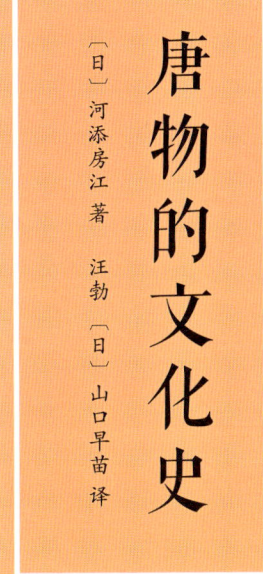

商务印书馆
The Commercial Press

KARAMONO NO BUNKASHI: HAKURAIHIN KARA MITA NIHON

by Fusae Kawazoe
© 2014 by Fusae Kawazoe
First published 2014 by Iwanami Shoten, Publishers, Tokyo.
This simplified Chinese edition published 2018
by The Commercial Press, Beijing
by arrangement with the proprietor c/o Iwanami Shoten, Publishers, Tokyo

目录

译者序 / i
前　言 / iii

第一章　"唐物"的起源
——正仓院和圣武天皇　/ 1

追溯唐物之起源 / 《万叶集》中的"舶来品" / 日本产的"唐物" / 正仓院的锦缎逸品 / 圣武天皇的各种遗物 / 遣唐使、吉备真备带来的物品 / 圣武天皇对舶来品的爱好 / 圣武朝的国际关系 / 新罗使带来的舶来品 / 鉴真来朝 / 王羲之父子的书迹 / 受容异国文化的精神食粮

第二章　百花缭乱，贵族憧憬的"异国"
——"国风文化"的真实形相　/ 41

嵯峨天皇其人 / "茶"的传入 / 装饰王者的文物 / 正仓院的新罗琴 / 嵯峨朝和渤海 / 渤海国使和正仓院宝物 / 承和的遣唐使 / 仁明天皇的唐物爱好 / 向富裕阶层的扩展 / "国风文化"的真实形相 / 黄金和"火鼠皮衣" / 《宇津保物语》和两条交易路线 / 秘色瓷和琉璃 / 俊荫请来的唐物 / 藏开以后的世界

第三章　王朝文学中所描写的唐物嗜尚
——从《枕草子》《源氏物语》的世界开始　/ 81

解读《枕草子》/ 唐的宣纸和青瓷 / 定子的华贵盛装 / "世间之事时有圆缺，独我满月" / 道长对书籍的嗜好 / 与入宋僧的交流 / 实资留下的记录 / 《源氏物语》的时代 / 源氏的公主贵妇们与和汉结构 / 薰香是和还是汉 / 《宇津保物语》和《源氏物语》的芬芳 / 舶来的纸质范本 / 向往"光源氏"的人们

第四章　武士时代的唐物
——福原、平泉、镰仓　/ 115

平清盛的抬头 / 清盛和《源氏物语》的明石一族 / 福原的日宋贸易 / "杨州之金，荆州之珠……" / 《平家纳经》和《太平御览》/ 世界遗产　平泉与唐物 / 《吾妻镜》记事 / 镰仓将军和北条一族 / 沉船的讲述 / 渡海僧、渡来僧的时代 / 来自金泽文库的遗物 / 嫌恶唐物的兼好 /《明月记》和《徒然草》

第五章　茶道和天下人
——中世唐物爱好的变迁　/ 155

婆娑罗大名，佐佐木道誉 / 道誉的"逸脱之美学" / 足利义满和"日本国王" / 和朝鲜的外交 / 义满的文化战略 / 作为美术品的唐物 / 《君台观左右帐记》的世界 / 义政和书院的茶 / "付藻茄子"的去向 / "消解和汉界线" / 信长的名物搜寻 / "茶道御政道" / 从信长御物到太阁御物 / 从家康向柳营御物

第六章　平民梦寐以求的舶来品
　　——南蛮物、荷兰物的扩大　/ 199

家康的"御分物" / 南蛮贸易的开始 / 信长、秀吉的南蛮嗜尚 / 秀吉的强硬外交 / 家康的亲善外交 / 南蛮贸易的末期和荷兰的抬头 / 锁国体制的确立 / 荷兰商馆馆长们的记录 / "兰癖将军"吉宗 / 朝鲜人参和甘蔗的国产化 / 晋谒天皇的大象 / 平民的"大象狂热" / 江户初期的唐物屋 / 西鹤的眼神 / 因平民而兴旺的唐物屋 / 荷兰嗜尚的流行 / 金唐革的改观 / 唐物屋的末期

第七章　从"舶来品"看日本文化　/ 253

唐物的历史 / 尚古爱好和新渡物品 / 和制的唐物 / 唐物的日本式转化 / 位处"日本之中的汉"的唐物 / 被引进"日本之中的和"的唐物 / "消解和汉界线"再考

图版目录　/ 273
参考文献　/ 284
后　记　/ 293

译者序

名物研究的对象是有名的物品，既是物质文化遗产的实证研究，也包含着制作、承载这些物质文化的人物、技术等非物质文化遗产的研究。通过物质看人物及其时代，通过名物看名人、时代潮流，通过与名物相关的背景、现象、故事来看一个民族的习俗、文化，通过名物的制造、使用、流通来看一个国家对物质文化的受容、运用、理解以及对文化的传承和创造等。

本书通过对存留于日本的乐器、香料、陶瓷器、玻璃器、书画、书籍、家具等诸多"唐物"以及与之相关的文化史的研究，介绍了这些"唐物"是如何进入日本、在日本又是如何使用并流传的，释读了"唐物"在日本的政治、经济、文化以及社会生活中所具有的价值和发挥的作用，还探讨了舶来品与日本文化的关系等；既介绍了日本的唐物发展史及与之相关的历史背景和人物，也较为准确详细地诠释、解读了和文化与汉文化在不同历史时段的关系和关联等问题，是一本集学术性、趣味性、知识性于一体的研究日本名物的作品。

  对于中国读者而言，除了通过本书了解到一些日本的名物"唐物"及相关文化史，还可以从名物这一侧面，较为宏观、全面地获知日本文化对外来文化的受容史和概况，以及中国古代文化在日本主要历史时期的文化中所展现的面貌与样态，让读者从了解名物所反映出的日本文化的形成和发展入手，逐渐认识并理解日本文化中的某些因素，同时通过日本的名物及其所反映的文化史，了解日本主要历史时期及重要历史人物，理解日本汲取中国古代文化乃至世界多国古代文化的道路，认识日本文化的起源及其发展历程，在一定程度上对日本人就某些问题的认知和思维模式等有所了解和认识，对于更加深入、深刻地认识日本民族性的渊源也会有所裨益。

  原著涉及历史学、考古学、文学、美术史、文化史、名物史等诸多方面的知识，译者水平有限，为了便于阅读而添加了一些页下注，疏漏与不足之处难免，敬请读者谅解。另外需要说明的是，翻译时按照原著勘误表已做订正的部分，译文中未再专门注明。

汪勃　山口早苗
2016年5月

前言

自古以来，来自异国的形形色色的货物，既是珍贵的物品，也是人们憧憬向往的东西。譬如，每年秋季举办的正仓院宝物展上展出的、经由丝绸之路或中国带到日本的各式各样的精致物品，跨越了时空，始终让我们着迷。

再如以足利义满为首的室町将军一族留下的庞大的舶来品收藏——东山御物❶，至今依然是讲述当时日明贸易兴盛的绝品。另外，诸如古代遣唐使带回的物品以及平安镰仓时代的日宋贸易、战国时期的南蛮贸易、江户时代的长崎贸易等，各个时代的舶来品交易不胜枚举。

当我们回顾历史之时，您是否知道，较之前近代使用的"舶来

---

❶ 东山御物，指日本室町幕府第八代将军足利义政所收集的绘画、茶器、花器、文具等器物。东山即足利义政在日本京都东山营造的东山山庄（现银阁寺）。本书中的页下注均为译者注，下同。

正仓院正仓

品"一词,这类物品还有着另外一个称呼——"唐物"❶。

所谓唐物,本来是指来自中国或经由中国而来的舶来品,转义成为来自异国的所有物品的泛称。正如辞典中所见,"唐物"为:

> 中国舶来的物品。唐锦、唐织物等舶来品的总称。室町时代作为奢侈品被盛赞,主要是金襴❷、缎子,茶道的器

---

❶ 译文中直接使用"唐物""唐物屋",而不将之翻译为"洋货""洋货店/铺",原因主要有二,一是因为原著中大量出现的"唐物"一词是指包含中国、朝鲜半岛乃至世界各地甚至日本本土生产的多种货物,所以不翻译最为妥善;二是虽然"屋"字可以翻译为"店"或"铺"等,但似乎将"唐物屋"作为一个专有名词直接使用更为合适。基于同样的原因,原著中的"高丽物""荷兰物""南蛮物""英国物"等亦均未意译。

❷ 金襴,金线织花锦缎。

具，沉香、麝香、唐绘❶之类。亦可包含在日本模仿其制作的东西。近世因南蛮物品的到来，泛称包含其在内的从长崎输入的舶来品，出现了买卖这些物品的唐物屋。

——《角川古语大辞典》

可见"唐物"的内涵并非局限于中国，还包含南蛮物以及荷兰❷物，"唐物"曾是舶来品的统称。而且，在嗜尚茶道具等唐物的风气之下，虽然唐物输入的增多是在镰仓、室町时代以降，然其用例可上溯至平安时代。

《源氏物语》中也有"唐物""唐之物"❸，故事中的登场人物自如地运用各种各样的唐物来标榜自己的身份和地位。光源氏亦是通过穷奢极欲地拥有、消费、赠予唐物，表现出了主人公的风度。同为一条❹时代的文学精华《枕草子》中，唐物也以各种形式出现，华

---

❶ 唐绘，泛指在中国绘制、后被带到日本的绘画作品。后来指以中国的事物为主体、在日本描绘的绘画，或者学习新传入的中国画技法及样式所作的日本绘画。"唐绘"可以翻译为"中国画"，但是因原著中有与平安时代、镰仓时代对应的中国唐宋元时期的绘画。译文中继续使用"唐绘"一词，与下文中的"大和绘"一词相对应。

❷ 荷兰，原著中为"阿兰陀"，即葡萄牙语"Olanda"的日语发音。译文中，原则上直接译作"荷兰"，原著中引用文献（如俳句）中依然用"阿兰陀"。

❸ 原著中为"唐物ども""唐の物ども"。"ども"表复数，在此未译出。

❹ 一条，平安时代中期的天皇（980—1011，986—1011在位），圆融天皇长子，名怀仁。

美地装饰了定子沙龙❶，成为中关白家❷富贵荣华的象征。

稍晚于11世纪中叶成书的《新猿乐记》中，列举有五十余种作为唐物的物品。有沉香、麝香等香料、药品类，赤木❸、紫檀等贵重木料，藤黄❹、绿青、苏枋❺等颜料类，豹皮、虎皮等皮革类，茶碗等陶瓷器，还有以绫锦为首的唐织物类，以及吴竹、甘竹等制笛材料。

此外，作为唐物的书画、典籍、经典等在所有朝代也都大量存在，包括鹦鹉、孔雀、鸽、白鹅、羊、水牛、唐❻犬、唐猫、唐马等珍禽，以及宣纸、唐砚、唐墨之类的文房用具等，种类纷繁复杂。

本书着重介绍古代至近世的日本文化史中鲜活存在的舶来品即

---

❶ 定子，指藤原定子（977—1001），是平安时代一条天皇的皇后，原号中宫，后改称皇后宫，通称一条院皇后宫；是《枕草子》作者清少纳言服侍的女性，其容貌个性在《枕草子》中多有描写。定子身边聚集了包括清少纳言在内的许多才女，这些才女又与天皇身边的藏人（日本古代皇宫中掌殿上杂物之职司）等侍从交往，渐渐地形成了一个以定子为中心的文化沙龙。定子本人也经常与人称"大斋院"的选子内亲王为中心的文化沙龙进行交流。选子内亲王（964—1035），村上天皇之女，和歌诗人，在贺茂斋院度过五十七个春秋，历经圆融天皇、花山天皇、一条天皇、三条天皇、后一条天皇等五位天皇，因此被时人和后世称为"大斋院"。内亲王，即公主。
❷ 关白，官名。中关白家，指日本平安中期的藤原道隆家族。
❸ 赤木，又称红柴、红苏木等，豆科植物，灌木或小乔木，分布于云南金沙江河谷和红河河谷。可入药，活血祛瘀热。
❹ 藤黄，或作铜黄、同黄。
❺ 苏枋，从苏枋籽荚提炼出的黑红色染料。
❻ 书中大量有"唐"字的"唐物"中的"唐"，如原著作者所述，有的是唐代的，有的指中国产，有的是外来的。因多为专有名称，故多不译出，请读者参照前后文判断。

唐物，使用的材料不仅包含美术品、历史资料，还利用了文学作品。对比既往研究中以时代为线索，再在历史学、美术史、文学等各领域中分别叙述的唐物，本书更期望思索多领域间的关联，重新揭示其历史面貌。唐物与多个领域相关，可以说是一个跨学科的题目，因此在时代上也有进行横向比较的必要。

此处构成纵轴的，当然是唐物交易的时代变迁及其实际状况所反映出的与异国的交流史，但并非仅限于此。本书的核心视角之一，就是把焦点放在作为各个时代掌权者们的权威和财富象征的唐物的应有状态上。在此，想以圣武天皇、嵯峨天皇、仁明天皇、藤原道长和实资、平清盛、奥州藤原氏、金泽贞显、佐佐木道誉、足利义满和义政、织田信长、丰臣秀吉、德川家康和吉宗等作为关键人物来考察。

对唐物的关注，与使用者的政治权力和文化权威紧密关联。拥有、消费如此贵重的唐物，具有怎样的意义呢？交易、赠予唐物的人们之间关系如何，又交换了什么样的信息呢？诸多问题，探究起来自然兴味无穷。

随着唐物历史的追溯，进而显露出来的是日本文化中的"和汉"结构及唐物在其中所扮演的角色。此处所说的"汉"，意味着从中国带来的文化、文物和在日本形成的中国风格的文化、文物的复合体。乍一看，好像来自异国的唐物全不是"和"的文化，而是"汉"的文化，然而事实并非那么简单。"唐物"中，既有继续作为异国物品的唐物，也有摄入"和"的世界中的唐物，还有在日本模仿制造的唐物或唐风的物品，其间的关联性也构成新的问题。本书使用的虽然主要是从异国带来的物品自身，但也并未遗忘在其周围日本制作的唐物或具唐风的物品。我们不妨在带着这种思考的同时，去追溯唐物的历史。

唐物的历史，直观地说明了持续吸收舶来文化的日本文化本身的变迁。若能让诸位读者在欣赏随处插入的唐物图版的同时，也能重新思考不断接受舶来品而形成的所谓日本文化的历史究竟始于何种契机，笔者将甚感荣幸。

第一章

"唐物"的起源

——正仓院和圣武天皇

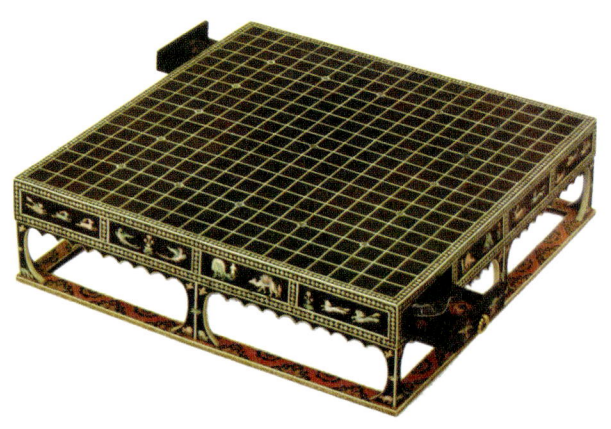

木画紫檀棋局*

* 见图版目录，下同。

追溯唐物之起源

首先从唐物的"起源"开始说起。

"唐物"这一词语的起源，究竟可在何处寻求呢？作为古代指代外来品的语汇，六国史❶中使用的有"信物""远物""杂物"等词语，而"唐物"一词的使用相对较晚，不早于平安时代。

"唐物"一词，最早见于《日本后纪》桓武天皇大同三年（808）十一月条。其内容为，因大尝祭❷效力的杂乐（雅乐之外的音乐、文艺、惊险杂技）们不遵守朝廷禁令，用唐物漂亮地装饰其身，朝廷再次公布禁止令。这些"唐物"，据说是大同元年（806）归国的延历❸遣唐使带回来的。大同三年的大尝祭正好是平城天皇的即位仪式，理应是贵重品的唐物，从宫廷扩展到更广泛的阶层，甚至流于身份为杂乐之人。

并且，承和六年（839）遣唐使归国之际，《续日本后纪》

---

❶ 六国史，日本奈良、平安时代编辑的《日本书纪》《续日本纪》《日本后纪》《续日本后纪》《日本文德天皇实录》《日本三代实录》的总称。

❷ 大尝祭，又称"践祚大尝祭"，是日本天皇即位仪式的重要组成部分。

❸ 延历，日本桓武天皇782—806年间的年号。

中也重复出现"唐物"一词。据《续日本后纪》，唐物一部分奉纳在山陵或伊势神宫等地，此外还在建礼门前设立称作"宫市"的市场进行唐物交易。也就是说，"唐物"一词首先是指来自"唐"的物品，是指由遣唐使带回日本的外来品的词语；而且，无论这些物品是用于奉纳还是交易，基本上是由朝廷管理并进行再分配的。

然而，"唐物"一词始用以前，当然也存在"舶来品"。既有大同三年以前遣唐使带回外来品的记录，也留存了从唐以外的朝鲜半岛各国带来朝廷的舶来品的记录。本章亦将这些"唐物"包括在内，由此开始追溯平安以前的古代舶来品的历史。

《万叶集》中的"舶来品"

譬如《万叶集》中，有什么样的"舶来品"登场呢？

《万叶集》整本书中，包含题词和注释之类，确切言及来自外国的舶来品的有两处。其一，是下面山上忆良的长歌。

世中术无者　如年月流逝　接踵追来者　百种攻追

图 1-1　麝香皮

　　来　姑娘若处子　韩❶玉手头卷　同伴手相携　游戏时盛开（以下略）（卷五·八〇四）
（注音：から(kara)）

　　（世间最无奈之事，莫过于岁月流逝，接踵而来的是人生八苦，川流不息麋集而至。姑娘如处子仪姿，手戴韩玉，与同伴手相携，游戏时其花盛开。）

　　画线处意为，花季少女如若处子，腕上戴着"韩玉"。就此"韩玉"，诸注释全都认为是外国产的玉，是舶来品。

　　另一例，是在卷十七·三九二六之诗歌的注释中，左大臣橘诸兄强迫秦忌寸朝元，如果不会念诗歌，就"以麝赎此"（交出麝香为其代偿）的香料麝香（图1-1）。当时，日本国内不能生产

❶　为了便于读者阅读理解，译者在原著此处的"韩"字之上的注音假名"から"后，按照其罗马字拼写法添加了"kara"。以下，译文中需要保留原著中注音假名之处，均按照日文假名罗马字拼写法添加注音。

香料，所以香料全部是舶来品。秦忌寸朝元在其父僧弁正随遣唐使入唐之时出生于唐，于养老二年（718）随遣唐使回国，并于翌年被赐姓忌寸，故而这样的人物即便持有贵重的香料麝香也不足为奇。

日本产的"唐物"

然而很遗憾，可作为这种舶来品举例的实物出乎意料之少。

确实，如忆良歌中的"韩玉"那样，带有"から"的诗歌辞藻在《万叶集》中还有"からあゐ❶"（ka ra a wi）"からおび"（o bi）"からくに"（ku ni）"からころも"（ko ro mo）"からたま"（ta ma）❷等。虽然多充当"韩"字，但此"から"原本是源自朝鲜半岛南部小国"加罗"（か(ka)ら(ra)）发音的词语。据《日本书纪》记载，"加罗"是最初和日本有交流的海外之国。因此，其国名时常引申为指代距离日本最近的外

---

❶ 日语五十音图ワ行第2音，平假名"ゐ"是"为"字的草体，至平安时代中期发音为"wi"，在现代日语中与ア行、ヤ行的"い"（日语发音罗马字作"i"，汉语拼音读作"yi"）。"ゐ"的片假名作"ヰ"，为"井"（发音"い"）字的简化字形。

❷ 此处假名上的罗马字母，是译者按照日文假名罗马字拼写法添加的注音。あゐ（蓝）、おび（带）、くに（国）、ころも（衣）、たま（玉）。以下，需要保留原著中的假名之处，均按照罗马字拼写法添加注音。

国的一般用语。

也就是说,"から""からくに",从指代"加罗"引申为指代朝鲜半岛诸国全体（特别是半岛统一后的新罗）的词语,当8世纪遣唐使再次开始派遣之时,进而转用为指代中国即唐❶的词语。如此,所谓的"からもの"(mono),就成为指代从中国带来的,或者从更远的国度经由中国运送到日本的物品的用语。

但是如上文所述,更为复杂的是,即使物品名称中附有"から",也不能就此断定其为来自外国的舶来品。因为,实际上不仅是在外国制作后运送到日本的物品如是称呼,从朝鲜半岛等地来到日本的工匠在日本制作的东西,甚而连日本工匠在日本制作的"外国风"的东西也有冠以"から"的。

比如《万叶集》卷十六的竹取翁长歌中,就有像是舶来品的物品出现。该长歌吟咏了竹取翁在山岗遇到九位仙女,因被责难无礼而作解释。其中,对竹取翁年轻之时,用"紫大绫""高丽锦""韩带"等饰物打扮、回头看宫女的姿态讲述如下:

紫之大绫之衣　住吉之远里小野之　真榛持丹穗之衣　高丽锦纽缝付　刺部重部并重着　打麻也麻绩之子等有衣之宝子等　打栲综织布日曝　麻手作（中略）　禁

---

❶ "唐"字的日语发音,可与"韩""加罗"等同为"から",故"からもの"的汉字作"唐物"。

女微闻我起　水缥绢带为引带　取<u>韩带</u>（以下略）（卷十六·三七九一）

（紫色大花样纹饰绫，用住吉远里小野榛的果实染色的漂亮衣服，缝上高丽锦纽，刺部重部，配在一起重叠着穿，麻绩者或宝者打出的白布，用经线一致所织之布，太阳晒干的手制麻〔中略〕挽留的少女用耳朵夹着，把赠送给我的薄缥色绢带，像小带那样佩戴在韩带上。）❶

此处的"韩带"，一看就知道是舶来品。只是，虽然确实是从大陆传来的带子样式，但是难以辨别其究竟是来自朝鲜半岛还是中国，抑或是来自朝鲜半岛的渡来人制作的带子。

同一首长歌中出现的"高丽锦"，也难以判明是高丽（＝高句丽）产的锦缎，还是从高句丽来的渡来人织成的锦缎。高句丽因唐和新罗的攻击于天智天皇七年（668）灭亡，此时许多逃乱的高句丽国贵族、僧侣等来到日本，主要住在东国。灵龟二年

---

❶ 钱稻孙译：《万叶集》，中国友谊出版公司，1992年，第221页。可参考"……着我轻罗襦，色染近丹朱；着我文绫袄，秋紫思芳草。墨江产山砚，远里小野原；取之以为汁，文采我衣裙。妙选高丽锦，缝纽结襟衽；层层结我纽，袭衣不厌厚。绩麻有少女，为绩生麻苎；佳人着缯素，经纮为织布。细葛手织成，晾曝在晴朗；取敷作床席，起坐安以适。……徘徊在中庭，少女已闻声；遮来我当前，阻我勿言旋。海若殿上薆，薆上飞蔫蔫；蔫飞有螺蠃，细腰娜以娜。取我水色绦，细束我细腰；结作唐鞶带，益见我少艾……"

（716），其中的1799人被迁移到武藏国，新设置了高丽郡，因此有高丽锦就是在此地织造的说法。

"韩衣"作为枕词以外使用的例子，有下面的和歌。

韩衣　为君打着见莫欲　恋暮雨降日（卷十一·二六八二）

（给你穿上韩衣，看啊，雨中一日思恋到日暮。）❶

这首和歌中的"君"当是男性，若考虑到当时舶来品的稀少性，将之解释为中国风格的朝服（供职于朝廷之时所穿服装）较好。

也就是说，围绕《万叶集》中"から"的表述，可以使人想象韩风或唐风等外国样式的东西以及来自唐或新罗的舶来品已经渗透进了当时的生活中，有很多展示韩风或唐风这类大陆传来"样式"的场合，很难明辨这些舶来品究竟是来自唐还是新罗。

而且，这样的问题并非仅限于《万叶集》，而是面对"唐物"

---

❶ 译者查《万叶集》原文为："辛衣　君尔内著　欲见　恋其晚师之　雨零日乎"。即原著此处为"韩"字，而《万叶集》原文中为"辛"。"辛"和"韩"，在日文中均可读作"から（kara）"。

可参考"我把新衣著，待君念不停，恋君直到晚，整日雨零零"。杨烈译，沈佩璐、张勤、施小炜、郑强等校：《万叶集》，湖南人民出版社，1984年，第491页。

研究时必然会遇到的。带有"唐风"或是"唐物"之事，在哪个时代都有必要引起我们的关注。

正仓院的锦缎逸品

那么，想要准确了解来自海外的舶来品的真实情况，应当以古代的什么为线索来着手进行观察呢？简单而迅速的方法，仍是关注正仓院所藏的流传有序的舶来品。

虽说都是正仓院的舶来品，但其种类纷繁复杂，下面首先以《万叶集》中的"からおび""からころも"作为线索来看看外来的锦缎。

作为正仓院宝物锦缎类的代表，在此可以来看看这件残缺不全的缥❶地大唐花文锦琵琶袋（图1-2）。该锦代表了盛唐时期纬锦（用横线来表现颜色和纹样的锦缎锦）的水准，缥色底上有直径五十三厘米的富丽的唐花。它是盛唐时期唐花文锦的逸品，是使用了与白、黄、绿、赤、紫等底色加在一起合计九种颜色纬线的豪华之物，即使在中国本土，也尚未见到如此好看

---

❶ 缥，海昌蓝。

图 1-2 缥地大唐花文锦琵琶袋

第一章 "唐物"的起源

的锦缎实物。

缥地大唐花文锦袋，据推测是正仓院南仓里四面琵琶之一的袋子。由于当时日本产锦缎最多不过七色，所以它明显是舶来品。虽然也有正仓院宝物中的锦缎大多是因大佛开光供养会、圣武天皇一周忌斋会这类仪式的大量需求而制作、故大部分都是日本产的说法，但其中像缥地大唐花文锦这样的逸品，称得上是唐物中的唐物。

圣武天皇的各种遗物

尽管缥地大唐花文锦是否确实如此并不清楚，但若提到正仓院宝物中的舶来品，无论如何也会让人想起与圣武天皇有因缘的各式物品。在观察古代舶来品之际，关键人物依然是圣武天皇。

众所周知，正仓院宝物始于天平胜宝八年（756）六月二十一日光明皇后在丈夫圣武天皇七七忌日将其因缘物品约六百五十件和约六十种药物奉献给东大寺的卢舍那佛。物品目录见《国家珍宝帐》，药品目录见《种种药帐》。

据《国家珍宝帐》，所谓圣武天皇因缘物品，是带、牙笏（用象牙所作之笏）、弓箭、刀剑、书卷、游戏具、乐器等。其目录物品并未全部留存下来，现存的收藏在正仓院北仓。列举其中具有代表性的著名的舶来品如下：

带：斑犀偃鼠皮御带（现在带本体大部分佚失，斑犀角装饰等部分残存）

尺：红牙拨镂尺（图1-3）、绿牙拨镂尺（象牙染上红色、绿色，在其表面雕刻表现出纹样的仪式用尺）

刀剑：金银钿庄唐大刀（仪式用大刀，图1-4）

镜：平螺钿背圆镜（在镜背用螺钿表现出华丽纹样的镜子，图1-5）

平螺钿背八角镜

平螺钿花鸟背八角镜

游戏具：木画紫檀棋局（用木镶嵌技术细致装饰的围棋盘，本章首

正面　　背面
图1-3　红牙拨镂尺

13

图 1-4 金银钿庄唐大刀

图 1-5　平螺钿背圆镜

　　　　木画紫檀双六局（用木镶嵌技术细致装饰的双六）

乐　器：螺钿紫檀五弦琵琶（具有印度起源的五弦琵琶）

　　　　螺钿紫檀琵琶（具有古代波斯起源的四弦琵琶）

　　　　螺钿紫檀阮咸（因竹林七贤之一的阮咸爱好而用其名命名的带有圆盘型腹部的琵琶）

另外，令人记忆犹新的是，圣武天皇爱用的唐大刀、曾下落不明的"阳宝剑""阴宝剑"于2010年10月判明被埋在东大寺大佛的正下方，此事一度成为新闻。

在此，值得注意的是装饰漂亮、可争正仓院乐器之伯仲的螺钿紫檀五弦琵琶（图1-6）。该五弦琵琶，是在南印度产的紫檀上用玳瑁、夜光贝等施加螺钿工艺的物品，从印度经由中亚的龟兹国入唐，然后带到了日本。

琵琶的弹拨部分装饰有骑骆驼、抚琵琶的波斯人，背面装饰有宝相花纹样和衔绶带（线带）的瑞鸟，是一件用螺钿精致表现的华丽乐器。它是日本乃至全球存世的唯一一把古代五弦琵琶，即使就此意义而言，也是极为稀少贵重的乐器。另外，据说五弦琵琶的遗物不见于别处的原因，是由于其音域较四弦琵琶狭窄，演奏方法也较为复杂。

遣唐使、吉备真备带来的物品

这把五弦琵琶，是如何被带到圣武天皇身边的呢？《国家珍宝帐》中没有明确的记载，因有是遣唐使吉备真备传来的观点，故稍作介绍。

正面　　　　　　　背面

图 1-6　螺钿紫檀五弦琵琶

吉备真备，其父为吉备地方豪族出身的下级武官，灵龟三年（717）作为遣唐使的一员入唐。他以遣唐留学生的身份在唐滞留十七年之久，学得多方面的学问，同时努力收集唐的文物。因其学识，在唐的知名度达到与在唐登上高官未能回到日本的阿倍仲麻吕并称的程度。他于天平七年（735）随天平遣唐使返回平城京（图1-7），将其收集的大量文物进献给了朝廷。据《续日本纪》，其目录如下：

> 唐礼（唐代的典礼书）百三十卷、太衍历经（最新的历书）和太衍历立成（太衍历经的注释书）十二卷、乐书要录（被认为是则天武后所撰之音乐书）十卷、测影铁尺（测量用的器具）、铜律管（调律用的铜制笛）、铁如方响写律管声（如笛发声、叫作铁制方响的乐器）、马上饮水漆角弓（涂漆的弓）、射甲箭（射铠甲的箭）

历时十七年，作为一个留学生的吉备真备仅收集了这么点东西是令人难以置信的，似乎该目录只是其中的一部分，他还带回了其他唐的文物。据说其财源不单是日本供给的，他甚至还卖掉在唐期间皇帝给予的回赐品以充当资金。

通过吉备真备传来日本的唐最新的典礼书、历书等，在文化史上意义重大。再加上此时的礼乐相关乐书《乐书要录》、铜

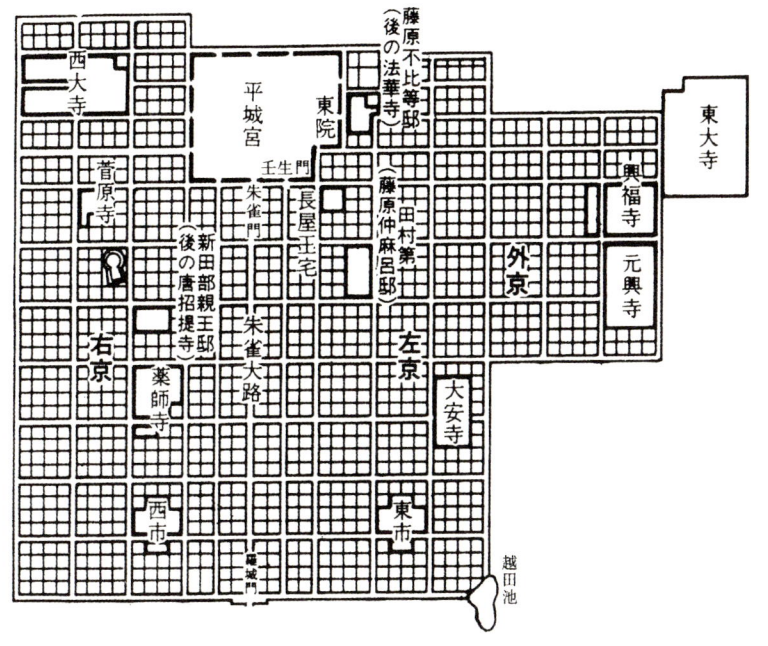

图 1-7　平城京

律管的调律用笛,故有了这把螺钿紫檀五弦琵琶是被他带回日本的观点。成其佐证的是《续日本纪》中的记录,吉备真备进献这些物品数日后,与遣唐使一起来日的唐人们,在五月五日的"骑射"仪式上,演奏了唐、新罗的音乐。在那里留下了袁晋卿、皇甫东朝、皇甫升女等许多人名。也就是说,这些人在演奏唐、新罗的音乐之际,使用了五弦琵琶。

另外,这一时期,其他诸如唐僧道璿和善意、天竺婆罗门僧菩提仙那以及波斯人李密翳、林邑僧佛哲等许多人来日。与遣唐使归国同时来这么多外国人史无前例，这也说明当时的平城京作为国际都市，处于最为光辉闪耀的时代。就五弦琵琶的来历而言，即便不是吉备真备，也有可能是这些同行的外国人带来的。

圣武天皇对舶来品的爱好

即便如此，圣武天皇的遗物中，究竟为什么有如此多的舶来品呢？这是因为圣武天皇是派遣遣新罗使、遣唐使并积极采用唐的文物、制度等的国际化风格的天皇。而且，他是有着舶来品嗜好的人物（图1-8）。

作为象征性场所的可举之例，就是难波宫。圣武天皇于即位翌年的神龟二年（725）十月和次年十月❶行幸难波并着手营建难波宫。当时的难波既是通往异国的桥梁之所，是丝绸之路的终点，也是新罗使等外国使者、遣唐使、遣新罗使出发、到达之地。对于重视与唐、新罗的外交关系的圣武天皇而言，它是具有特殊意义的地方，有必要兴建宏伟的迎宾馆。

---

❶ 经译者查阅相关文献，726年未见圣武天皇行幸难波，只有任命藤原宇合营造难波宫的记载，且是否是十月任命的暂未确定。

本来，难波宫营造于孝德天皇时代，其后搁置，天武朝再建，朱鸟元年（868）全部被烧毁。把天武朝当作理想的圣武天皇，任命藤原宇合为工程负责人，推进规模宏大的难波宫的修建，使之具备平城京副都的功能，工程到天平四年（732）三月告一段落。

同年正月，圣武天皇作为天皇首次戴上中国皇帝戴的冕冠，举行正月朝贺。这一年是其在位的第九年，也是引满以待任命遣唐使之年。

图1-8 着冕服的"圣武天皇肖像画"

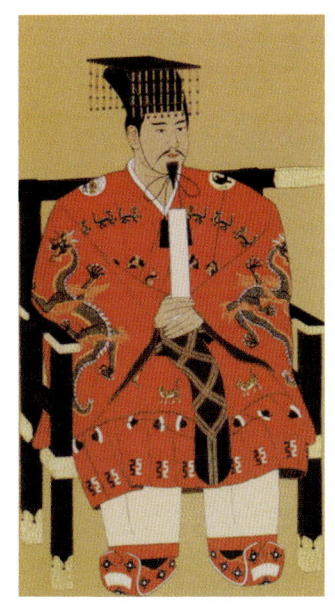

天平十年（738）七月，圣武天皇在观看相扑之后，指着宫殿前的梅树，吩咐吉备真备等三十位文人"赋春意，咏梅树"。梅是从中国进口的植物，为以大伴旅人为首的当时的知识人所爱好，在七月这种时候以春天的心境命作咏梅汉诗之事，不仅表现出圣武天皇赏梅之深，而且也是象征其中国嗜尚的轶事。

圣武天皇崩于天平胜宝八年（756）五月，其晚年多次移驾难波宫，将死之前不顾病痛，从二月至四月一直逗留于此，说明此处是与时常关注国外的国际派圣武天皇相称的远行之所。

圣武朝的国际关系

在此，就圣武朝的国际关系稍作观察。圣武天皇于神龟元年（724）二月即位，马上就在半年后的八月派遣了要求朝贡（来日本奉上贡物）的遣新罗使。第三年新罗使到来，如何保持来自新罗的朝贡，是圣武朝廷亟待解决的课题。此时的日本，对唐朝贡，反过来要求新罗向日本朝贡。

神龟四年（727）九月，渤海国的使节首次来到日本。渤海国位于中国的东北部，在比朝鲜半岛更北一带，是由被新罗所灭的高句丽遗民所建之国（图1-9）。使节虽然到达了出羽国，但是大使等十六人被杀害，幸存八人，是年年末被迎接到平城京。

到京的使节于翌年正月，向圣武天皇递呈渤海郡王大武艺的启书（国书）。其时，启书中表明，其是以高句丽再兴为目标的王权，希望与日本成为友好邻国进行交流，同时献上貂皮三百张。所献貂皮，是当时最高级的黑貂毛皮。

与邻国新罗关系紧张的渤海国，通过积极开展与日本的外交来维持其国家，对于日本也以高句丽的末裔自称"高丽"。圣武天皇将之看作是渤海国请求朝贡，表示欢迎。他派遣引田虫

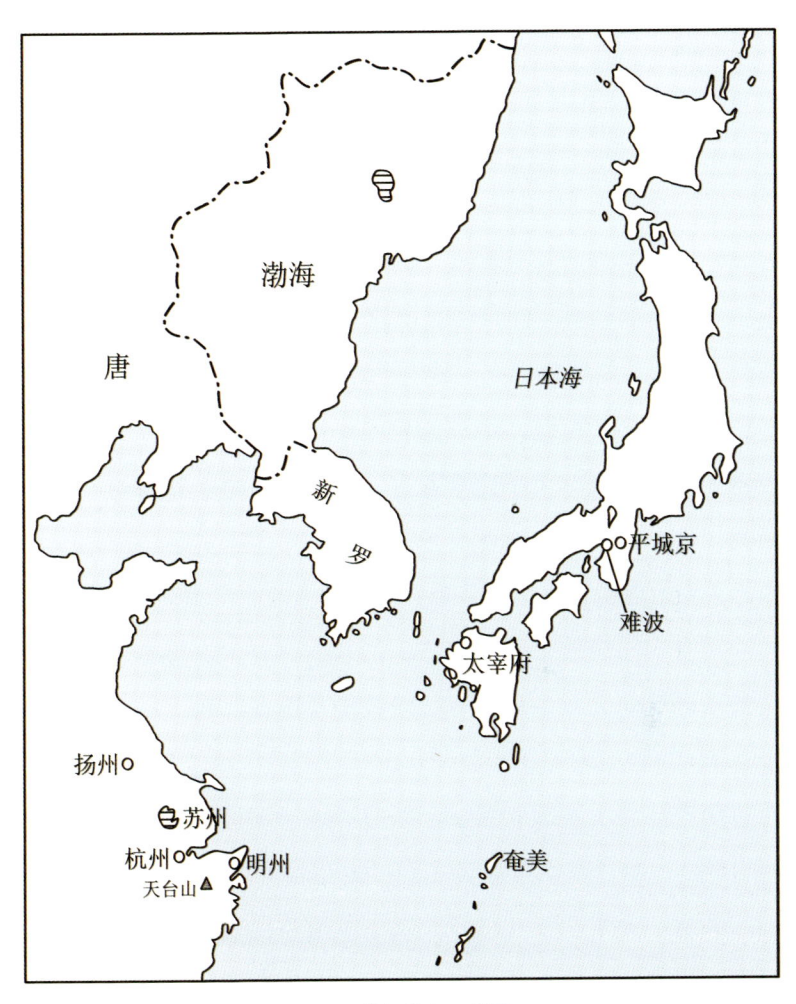

图 1-9　8 世纪的东亚地图

麻吕跟随使者并将幸存的使节送到渤海国，与大武艺约定友好。神龟五年（728）九月，虫麻吕归国，带回了大武艺给圣武天皇的贡纳品。

为了应对这种国际关系的变化，圣武天皇从进入天平时代开始更着力于难波宫的修建。天平四年（732）正月，他首次戴上中国风格的冕冠，同月任命遣新罗使，新罗使也来到了日本。五月，四十名新罗使进京，献上了鹦鹉、鸲鹆（谷鸟）等珍禽和驴、骡等异兽。而且，由于新罗方面询问到来日频率，据诏书规定为三年一次。天平四年八月，圣武天皇任命遣唐使，翌年四月出航。这一年，或可谓是圣武天皇作为东夷小帝国之王在国际关系中取得积极态势之年。

可是，与唐的关系安定之后的新罗，并未对日本朝贡，而是要求对等的关系。日本朝廷对此不予准许，对于三年后的天平七年（735）二月来的新罗使，因新罗擅自改国号为"王城国"，而将使者逐回了本国。然后，如前所述，三月天平的遣唐使回到平城京，四月吉备真备进献了大量文物。

其后，天平八年（736），发生了遣新罗使未被新罗接纳而归国的事件，朝廷里甚至出现了出兵征伐新罗的强硬意见。或因其影响，天平十年（738）和十四年（742）来日本的新罗使也未能进京而被逐回。并且，由于天平十五年（743）来日本的新罗使将称作"调"的贡品之名改为"土毛"，朝廷令新罗使归国，之后的十年与新罗断绝邦交，这与日本和于天平十一年（739）第二次来日本的渤海国的友好关系形成了鲜明对比。

新罗使带来的舶来品

与新罗关系的暂时和解，是在圣武天皇兴建大佛、举办盛大开光供养会的天平胜宝四年（752）。是年一月，在经过十二年之后，日本竟又任命了遣新罗大使。催促新罗王来开光供养会观礼，或推测是因大佛镀金用的黄金不足而要求从其进口。

其结果是，闰三月新罗王子金泰廉等七百新罗人到达筑紫。然而，朝廷直至六月将其一行留置于大宰府，不知为何未准许其出席开光法会。或为要求新罗王来日，而被新罗谢绝的应对措施。

总之，六月中旬约半数的新罗使节总算进京，晋谒了孝谦天皇。其时，新罗长年和日本为朝贡关系，理应是新罗王亲自献上朝贡品，由于不能如此，故而派遣王子呈交了意旨谦恭的上表，朝廷甚喜。该使节携带了香料、药物、颜料、染料、金、器具等大量舶来品进京。新罗方面的本意是和日本恢复邦交，并让交易利益优先，上表无非是外交辞令。

正仓院宝物之中，有约五十件称作毛毡的毡坐垫（法会用座具），其中两件带着麻布，从其上所书内容得知，是此时的新罗使带来的物品。麻布上分别记录着毛毡卖主新罗贵族的名字和官位、希望交换的品目（丝线或丝绵）、实际交换的品种（丝绵）等，可窥见交易的实际情况。

另一方面，正仓院宝物中有名的"鸟毛立女屏风"（图1-10）的裱糊底子（裱里）纸中，使用了称作《买新罗物解》的文书。所谓《买新罗物解》，是在此次新罗使来日之际，朝廷让五位❶以上的贵族拟定需购入何种舶来品的文书。文书中分别记载着需要的进口物品和贵族作为代价支付的绢制品的种类、分量以及提出的月日、提出者的名字。来自新罗的文物，是基于该文书再分配给五位以上的贵族。这件事情提升了朝廷的权威，也有强化君臣关系的效果。

不过，即便说是来自新罗的外来品，《买新罗物解》中除了新罗特产金、人参、松子或被称作佐波利的铜、锡、铅的合金食器类之外，还包含新罗不出产的南方（东南亚、印度）的香料、药材、颜料，亦可见其需求量之大。

香料具体有麝香、沉香、薰陆香、丁香（丁子）、甘松香、龙脑香、安息香，药物有可梨勒及桂心、甘草等，颜料有朱砂、

---

❶ 古代日本官职的"位"相当于中国的"品"。由于古代日本同时有授予亲王、内亲王（公主）"品"的制度，故相关译文均从原著。

图 1-10　鸟毛立女屏风

第一章　"唐物"的起源

藤黄、烟子（胭脂）、金青，作为染料大受欢迎的是苏枋之类。从在新罗也不出产的香料目录，可以看出新罗中继贸易盛行、获取利润提高的情况。

其他的舶来品，还有如镜、香炉之类的日用品，可见使节带入了品种丰富的文物。这样的文物，不只限于毛毡，还有不少佐波利的食器和日用品以及香料、药物等，传入了正仓院。若说起正仓院宝物的舶来品，动辄就谈论与唐的关系，其实，新罗产品，或者经由新罗传入的物品也是值得一提的重要存在。

鉴真来朝

上文简述了天平胜宝四年（752）从新罗而来的大量舶来品进入日本的原委，不过当时舶来品的最主要的部分仍然是来自唐的各种物品。此后，舶来品传入的契机，不得不提及的是同一年派遣、翌年归国的遣唐使。

就在盛大的大佛开光供养会举行之前，藤原清河、大伴古麻吕等遣唐使起航了。就这批遣唐使的目的而言，也有由于陆奥❶生产的黄金不足以铸造大佛，故希望从唐获得黄金的说法，不过究竟如何呢？考察遣唐使购入物品的资金来源，如果注意

---

❶ 陆奥，日本古地名或旧国名，在此或指青森县在东北部、下北半岛的街市。

到吉备真备等遣唐使使用了砂金这一史实,就完全不会认为日本国内黄金不足。并且,如前所述,如果看到来日的新罗王子带来了黄金,那么当时的日本难道不正是向新罗要求了进口黄金吗?若从天平胜宝的遣唐使带回了高僧鉴真这一点来看,向唐报告兴建大佛,并聘请能授戒之僧侣(授戒师)赴日,依然是其主要目的。

其发端,可追溯至天平十四年(742)。作为天平遣唐僧渡唐的荣叡和普照,接受聘请能正式授戒之僧侣的任务,让唐僧侣坐上道璿等归国的遣唐使船,聘请授戒师来日得以成功。然而,由于授戒必需的高僧人数不足,二人滞留于唐,得以于天平十四年和鉴真在扬州的大明寺相逢。

因为同意了二人的邀请,鉴真开始了艰辛的赴日之行(图1-11)。众所周知,在十年间鉴真五次渡日本计划均告失败并失明。第六次,鉴真终于成功地搭乘遣唐使的第二艘船,于天平胜宝五年(753)来到日本,其苦难和经过载于《唐大和上东征传》中。而且,《唐大和上东征传》中留下了鉴真第二次(天平十五年)和第六次打算带来日本的物品的记录,值得注意。

第二次渡航时准备的物品规模宏大,除了食物之外,还有经卷、佛像、佛具、日用品、香料和药材等。佛典、佛具等得到重视自不待言,在此想就香料略微作详细观察。因为,在之后的时代,香料也一直是重要的舶来品。

图 1-11　东征传绘卷

　　香料传入日本，一般认为是在佛教传来的同时，传入了仪式用的香料。关于香料最早的记录，初见于《日本书纪》推古天皇三年（595）条中，"沉水"（沉香，因其比重大、入水即沉而得名）漂到了淡路岛。据说是岛上居民不知是香木，在与薪柴一起燃烧之时，因其烟飘至远方散发香气，觉得不可思议，而将"沉水"进献给朝廷。

　　正仓院宝物中，沉香、麝香、白檀、丁香、木香、桂心、薰陆、胡同律、香附子、甘松香之类的香料存留至今，《国家珍宝帐》中的全浅香、《种种药帐》中的麝香和桂心等可以确认。昭和《正仓院御物棚别目录》中，亦可见黄熟香、全浅香、沉香、麝香、丁子香、薰陆香、裹衣香（香囊的原型）等之名。黄熟香在后世铭记为"兰奢待"（图 1-12），亦因被以足利义政、织田信长、德川家康等当时的掌权者们占有而出名。

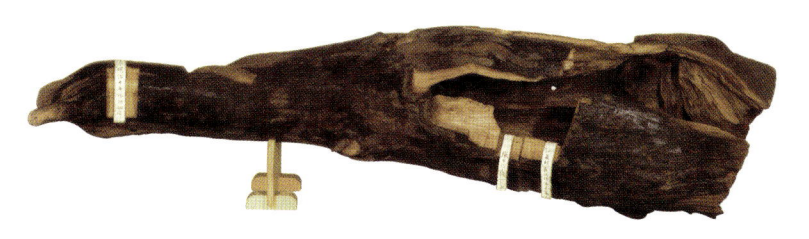

图1-12　兰奢待"黄熟香"

另一方面，法隆寺（图1-13、图1-14）的《伽蓝缘起并流记资财帐》（747）记录中，出现有"白檀、沉水香、浅香、丁子香、安息香、薰陆香、甘松香、枫香、苏合香、青木香"等，这些与鉴真第二次出国时准备的香料重合的较多。鉴真准备的是"麝香、沉香、甲香、甘松香、龙脑香、胆唐香、安息香、栈香、零陵香、青木香、薰陆香"等。而且，无论就种类还是数量而言，如此之多的香料被带来日本，甚至产生了一个传说，即平安时代流行的薰香，在日本的创始者是鉴真。

薰香的制法，最初无疑是从中国传入的，《后汉书》的作者范晔（398—445）的著述中有现已佚失的叫《和香方》的合香专著，其后隋唐时期的香书也不少。尤其是在7世纪的唐代，制作薰香叫作炼香，据说流行过成为日本薰香鼻祖的炼香。

鉴真是否是日本薰香始祖并未可知，不过，打算将这么多种类和数量的香药（香料和药）带入日本，至少可以窥见香料在当时佛教礼仪、医学等方面的需要，可谓是宝贵的记录。这个时

图 1-13　法隆寺五重塔

图 1-14　法隆寺梦殿

代，由于香料在佛教仪式中作为供香而使用，故而有广泛需求。

　　东野治之氏有观点认为，本来，鉴真第二次渡航失败，其携带的物品亦理当消失在海里，那时的目录是鉴真准备物品的基准，实际上即使第六次成功来日的携带物品中没有香药，或许他也会带来同样的物品。圣武天皇之母宫子皇太后生病之时，兼通医学、药学的鉴真所奉之药灵验的记载见于《续日本纪》中，因此，至少当是部分香药被带到了日本。鉴真又和法荣一同看护卧病在床的圣武天皇，因其功绩而在圣武殁后被任命为"大僧都"（僧纲之一，僧都的最上位）。

平安时代的医书《医心方》中亦有鉴真的处方，留存关于医术的两个处方、药物的两个处方，可见鉴真精于医疗。甚至有观点认为，献纳给正仓院的药物目录《种种药帐》的完成也与鉴真有关。

王羲之父子的书迹

鉴真第六次东渡带入日本的物品目录中有许多佛像、经典以及"玉环水晶手幡、西国琉璃瓶、菩提子念珠、青莲花（莲之一种）、玳瑁碟子、天竺草履、王羲之真迹行书一帖、王献之真迹行书三帖、天竺朱和等杂体书、水晶手幡"。据《唐大和上东征传》记载，这些物品被进献给了朝廷。它们留置宫中，后因光明皇后而成为给东大寺的献纳品也不足为奇。

鉴真带来的物品中特别引人注目的是"王羲之真迹行书一帖和王献之真迹行书三帖"。毋庸多言，王羲之是被称作"书圣"的著名书法家，其真迹即使在中国也相当珍贵。鉴真在唐既有与高官接触的机会，亦当有作为受戒时的酬谢，而有被馈赠王羲之父子真迹的机会。不过，也有人认为，从王羲之在世之时，其作品就开始被模写摹本，就算是所谓的真迹也可能是摹本之类。鉴真携带的物品若是真迹,那么即便在唐也是极为稀少之物。

再者,光明皇后之后给东大寺大佛的献纳目录中有天平宝字二年(758)六月的"大小王真迹帐",据此可知,其中收有被称作"大小王书"的王羲之和王献之父子的书法一卷。后来被嵯峨天皇购买,现已不存,有观点认为是把鉴真带来的文物制作成了卷轴。

据说"大小王书"正面书有王羲之的书法九行七十七字,背面写有其子王献之的书法十行九十九字,两端为青褐色纸,卷轴为水晶。据"大小王真迹帐"记载,该书法作品历代流传,为圣武天皇欣赏。所谓历代流传,若是世传于圣武朝以前的天皇一门,那么"大小王书"与鉴真带来物品没有直接的关系;假如直至得到鉴真的、真迹并未佚失而是长传于世的话,也有可能是同一物品。

正是因为鉴真知悉在当时的日本,王羲之父子的书法是如何贵重,才将之进献给皇宫。虽不知其是被装裱成了"大小王书"还是另外保存,总之无疑是与"大小王书"相提并论的珍贵书法。这也给予了以王羲之父子的书法为字帖的、圣武天皇亲笔的、从中国的诗集中挑选出的与佛教相关的诗文之书《杂集》的字体以影响。可见,不仅是在佛教方面,鉴真带来的物品对于当时的书法文化也深有贡献。

另外,由于鉴真起先的住所被安排在东大寺内,因此,献上品之外的鉴真的日常用品也留在了东大寺，也很可能存留在正仓院中仓或南仓中。正仓院宝物中的黑柿苏枋染金银山水绘箱（图1-15）、漆彩绘花形皿（南仓）、黑柿苏枋染金绘长花形几（中仓，图1-16）和刻雕梧桐金银绘花形合子（南仓，图1-17）等，就被认为是鉴真带来的物品，或是随同鉴真来日的弟子们（二十四人）在日本制作的物品。

据《唐大和上东征传》记载，鉴真第二次渡航失败之时，同行者中也包含玉作人、画师、雕刻家、刺绣工、石碑工等各种工匠。第六次渡航之际，虽然不能确定这些工匠是否还在，然而鉴真在唐时就在所去之地建造寺院或修缮佛塔，有着亲自修寺、造佛等的技术知识和经验；来日弟子当中，有擅长制作佛具之人也不足为怪。鉴真不仅带来了外国的文物，还向日本引进了生产文物的技术和知识，可谓在医学和药学、书道、建筑、工艺等诸多方面都有巨大贡献。

受容异国文化的精神食粮

追溯至此可见，来自唐、新罗的舶来品，均是采用了首先被以天皇为中心的王权阶层接收，然后再向臣下再分配的形式。

图 1-15　黑柿苏枋染金银山水绘箱

图 1-16　黑柿苏枋染金绘长花形几

图 1-17　刻雕梧桐金银绘花形合子

这时，其中心是以派遣的遣唐使、遣新罗使、遣渤海使的归国，还有随同遣唐使来日的鉴真这样的人们，或者以来日本的新罗使、渤海使的朝贡为原则的国家之间的舶来品交换。

即使新罗使、渤海使中混入了一部分希望通过贸易得利的商人，他们在公开方面始终是作为使节成员来日。而且，被称作"宾礼"的接待外国使节的礼仪中，就有围绕舶来品的交易。古代的舶来品常由朝廷管理，是欲置之于统治下的贵重物品，正仓院北仓中的宝物正是那样的物品。

这一时代从外国传入的舶来品的特征，就是不仅包括作为奢侈品、身份象征等的珍奇物品，还有以书籍、佛典等为首的很多文物，成为日本吸收异国文化的精神食粮。这时，就已经显示出了日本文化以输入的文物为媒介、巧妙地引进异国文化的特质。

第二章

百花缭乱，贵族憧憬的"异国"

——"国风文化"的真实形相

青瓷花纹碗

嵯峨天皇其人

进入平安时代，谈及唐物及其对外关系时，最初的关键人物就是嵯峨天皇。首先，就嵯峨天皇其人和嵯峨朝稍作回顾。

嵯峨天皇，桓武天皇与皇后藤原乙牟漏所生，大同元年（806）被立为同母之兄平城天皇的皇太弟。不久因平城天皇疾患而接受让位，大同四年（809）即位。然而，翌年，由于平城上皇企图复位而对立，发兵压制平城上皇❶方面（所谓"［藤原］药子之变"）。不得不说，嵯峨朝的早期政局极不稳定。

不过，嵯峨天皇其后推进积极的政策。他整备朝廷仪式，总结制定每年定例仪式程序的"内里❷式"，文化方面则首创内宴（正月二十日的时候，在宫中的仁寿殿进行的诗文之宴）、朝觐行幸（到天皇父母御所的行幸）等优雅的定例仪式。较之和歌，嵯峨天皇更喜爱汉诗，陆续编撰了收有许多自己作品的勅撰汉诗集《经国集》《凌云集》《文华秀丽集》等，并积极擢用文人。

---

❶ 天皇让位后尊称"上皇"，亦称太上天皇、太上皇。
❷ 内里，作为天皇居所的御殿。或作皇宫、皇居、御所、禁里、禁中、禁阙、大内、紫庭等。

另一方面，虽然嵯峨天皇效法唐以建立文化国家为目标，最终却没有派遣遣唐使。这说起来有些不可思议，受到大唐强烈影响的嵯峨天皇为何没有派遣遣唐使呢？这与当时并没有派遣遣唐使这种国家工程所需的充裕的经济条件有关，当时大唐的形势也是一个重要原因。

嵯峨天皇在位之前的遣唐使，即其父桓武天皇延历年间的遣唐使（803—806）。延历派遣遣唐使的目的，可能是桓武天皇想通过承袭那时天武系皇统所施行的遣唐使派遣的传统，来确认其在国际社会中的地位。原因是面对奈良时代主流的天武系皇统，桓武天皇抱有的是天智系皇统的自卑感以及其母亲出身低微的两重自卑情结。

然而，延历遣唐使的归国报告中也包括大唐国情恶化的内容，使其后的遣唐使计划被搁置。而当时的日本，据《日本后纪》记载，自弘仁八年（817）的七年间农业生产连续遭遇旱灾，嵯峨朝的财政也相当困难。另外，加上延历遣唐使船的失事，备经辛劳的嵯峨天皇，无疑也很清楚因派遣遣唐使而失去许多有才能的官吏的危险性。原有的约二十年派遣一次遣唐使的不成文规定的惯例，至此被打破。

不过，嵯峨天皇重用归国的延历遣唐使和唐留学僧等，以此弥补不能派遣遣唐使的遗憾，并推进国政、文化方面的改革。譬如按照遣唐判官菅原清公的进言，将仪式和服制、宫殿及其诸门的名称改为唐朝的风格。延历遣唐留学僧中的最澄和空海，特别是空海在回国后得到重用，这是众所周知的事。在这一点上，嵯峨天皇可谓充分利用了其父桓武天皇派遣遣唐使的遗产。

"茶"的传入

嵯峨天皇，因与最澄、空海等归国留学僧的关系，也对"茶"文化有着重大贡献。

茶传到日本，据说始于延历二十四年（805），从唐归国的最澄将带回来的茶种子种植在了比叡山的山麓下。当时，饮茶的习惯确实是唐风的新式文化。《文华秀丽集》中，就可见对最澄的献诗，嵯峨天皇应答的"亲羽客讲席，供山精茶杯"（亲近长翅膀仙人的讲座坐席，山神给最澄捧献茶杯）之句。空海也在向嵯峨天皇献上在唐期间搜求到的典籍之际，在其奉纳表中记录着"茶汤坐来，乍阅震旦❶之书"（饮茶之时，即兴鉴赏中国之书）。

《凌云集》中也留存有与饮茶相关的嵯峨天皇之诗。嵯峨天皇于弘仁五年（814）巡幸藤原冬嗣闲院的时候吟咏道："吟诗不厌捣香茗。"同年八月，过访皇太弟淳和天皇池亭之际也吟咏道："院里茶烟满。"

更加有名的是，随延历遣唐使归国的留学僧永忠给嵯峨天皇献茶的轶事。嵯峨天皇于弘仁六年（815）四月行幸近江韩崎，途经梵释

---

❶ 震旦，中国的别称。据说源于古印度称中国为Cīan-sthāna，亦写作"振旦"或"真丹"。

寺之际，大僧都永忠在门外亲自呈献煎茶（《日本后纪》）。在唐生活长达三十年之久的永忠，对于煎茶的方法无疑格外擅长。其结果是，嵯峨天皇于同年六月三日，命令在畿内和近江、丹波诸国种植茶树，每年进献。同一时期，宫中也在皇宫东北的主殿寮之东种植茶树，成为茶园。而且，据说用从那儿采摘的茶叶在内藏寮❶的药殿制茶。在嵯峨朝，饮茶成为流行的文化，即使在正式典礼的场合也提供茶汤。

这一传统在其后的时代，作为在春天举办的御读经（为祈愿国家安泰而跳着读《大般若经》的佛教行事）的第二日、"引茶"款待僧侣的传统而留传。所谓引茶，就是为了舒缓僧侣的疲劳，而加入了甘葛煎、厚朴、生姜等的茶。菅原道真也在左迁的大宰府饮茶。然而其后，并无唐风饮茶习惯在宫廷贵族之间扩展并扎根的确证，因此推测其只是限定在僧侣、文人等阶层而被继承下来。

装饰王者的文物

就嵯峨天皇虽然应该讲述之处尚多，不过若从前章的关联来说，因其是借出（称为"出藏"）、购买书、乐器、屏风等称得上是唐物

---

❶ 内藏寮：隶属于律令制下的中务省，掌管天皇的宝物及日常用品的置办、保管、进献等事务的官署。

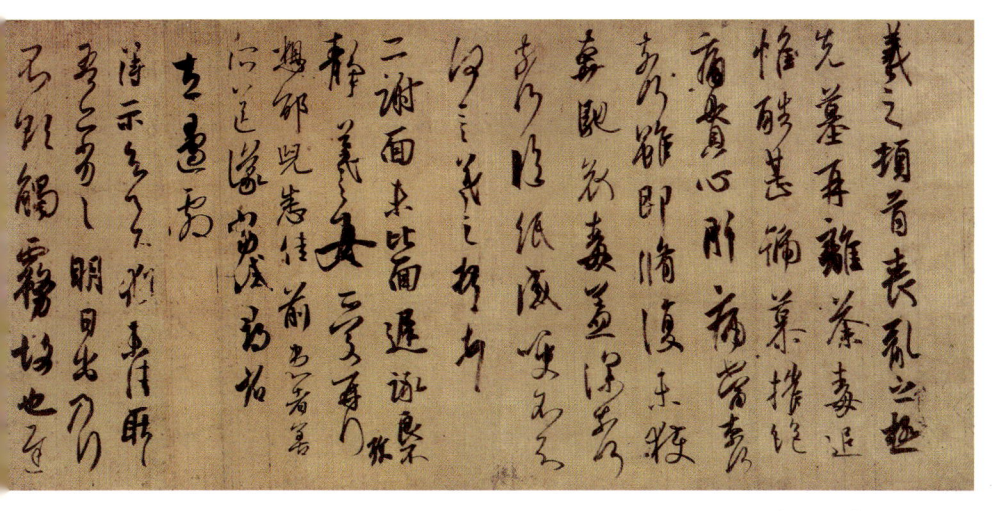

图 2-1　《丧乱帖》

中的唐物的正仓院宝物的天皇而大放异彩。

首先来看书法作品，弘仁十一年（820）十月，出藏了前章中也提及的被称作"大小王真迹帐"的王羲之和王献之父子的书卷和被称作"真草书二十卷"王羲之的书法二十卷，用一百五十贯文（旧钱）购买。后者部分现存，即《孔侍中帖》（前田育德会藏）和《丧乱帖》（图2-1）。

嵯峨天皇是与空海、橘逸势并称"三笔"的有才能的书法家，对书圣王羲之及其子王献之的书法怀有浓厚兴趣。空海也将唐的法书欧阳询真迹一卷、王羲之《诸舍帖》一卷等献给了天皇（《性灵集》弘仁二年八月）。购买正仓院宝物的法书，意味着嵯峨天皇对王羲之的憧憬，他亦当以其为效法对象，由此可看出嵯峨天皇以书法作为文化上的权威存在的意图。

现存的《光定戒牒》（图2-2）被认为是嵯峨天皇法书真迹，是

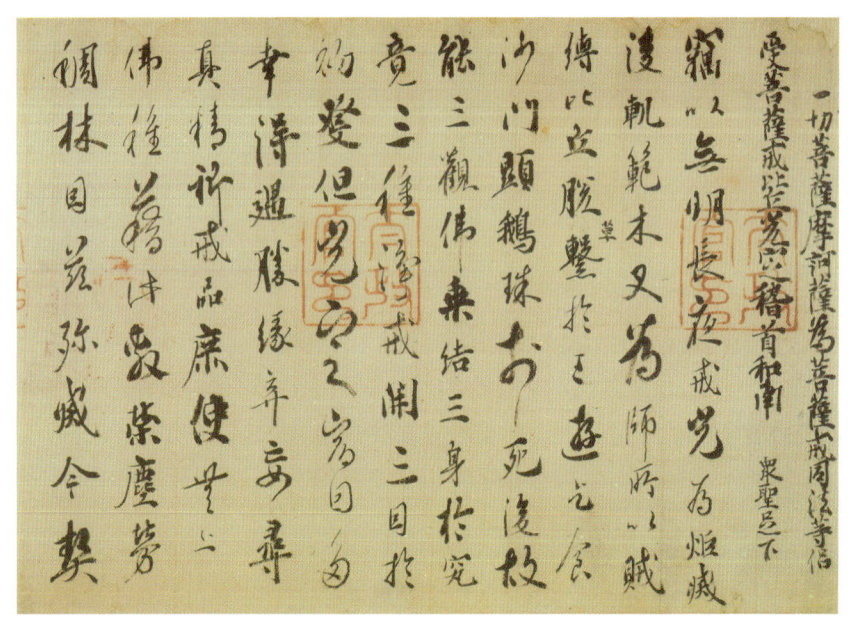

图 2-2　光定戒牒

最澄的弟子光定在延历寺（图 2-3）的一乘止观院受菩萨戒之时，嵯峨天皇授予他的文书。通篇不仅有楷书，还夹杂有行书、草书，风格庄重，透露出帝王风度的品格。嵯峨天皇在文化上利用正仓院宝物，成就了后来被称作"弘仁文化"的时期。

其次是乐器的借出，弘仁五年（814）十月出藏了漆琴和银平文琴，并且于弘仁八年收纳了金银平文琴。金银平文琴现在藏于正仓院的北仓，以"平文"的技法来装饰，即用金银等薄板切成纹饰、封入漆地、再研磨表面显现出文样。即便在正仓院的乐器之中，它也是工艺巧妙、屈指可数的豪华乐器，由此反过来也可以想象原来

图 2-3　延历寺根本中堂

的银平文琴是如何的精美绝佳。

然后是于弘仁十四年（823）二月，借出了螺钿紫檀五弦琵琶、金镂新罗琴二张、桐木筝和锹木瑟（似琴，通常是二十五弦的大型琴）等诸多乐器。

正仓院的新罗琴

如前章所述,螺钿紫檀五弦琵琶在正仓院乐器中是与金银平文琴(图2-4)并称的逸品。现在,即使在中国也只能在壁画、文献等中见其身影,因此该螺钿紫檀五弦琵琶是世界现存唯一的贵重物品。不过,嵯峨天皇还是在约两个月之后将之归还于正仓院。

但嵯峨天皇并没有归还两张金镂新罗琴,而是用金泥画新罗琴和金薄押新罗琴(图2-5)替代了(《大日本古文书》二五—六九)。虽然他还退还了锹木瑟,但是没有归还桐木筝,而是以槻表桐裏筝(正面榉木、背面桐木的筝)代纳了。

琴面

琴底

图2-4 金银平文琴

图 2-5　金薄押新罗琴及其局部

此外，在借出漆琴和银平文琴一个月之前，嵯峨天皇不知因何还从正仓院拿出大量的屏风。弘仁五年（814）九月十七日，他又从正仓院出藏了以山水画屏风为首的多达三十六件的屏风。据《国家珍宝帐》，光明皇后在圣武天皇殁后，虽然将百扇以上的屏风献纳给了东大寺，但是其中约三分之一是被嵯峨天皇借出的。

那么，嵯峨天皇是如何使用这些或借出或购买的正仓院乐器、屏风的呢?他大概是用于自己弹奏、观赏吧。据说他擅长乐器演奏,水平达到可以直接指导笛、筝、琴、琵琶等乐器演奏的程度。然而,那之后,历代天皇再也没有如他这般频繁而大量出藏正仓院宝物的情况。

那么,嵯峨天皇出藏正仓院宝物是否更有深意呢?为了明确说明这一点,我们接着来回顾嵯峨朝的对外关系。

嵯峨朝和渤海

嵯峨朝的对外关系,不仅是与唐的关系,还包括与位于唐、新罗之北的渤海国的关系。嵯峨天皇在位十四年间,接纳渤海国使达六次之多,且款待颇盛。

如前章述及,渤海国最初向日本派遣使节,是在圣武朝的神龟四年(727)九月。渤海国派遣使节来访日本,在平安时代也连绵继续,平安迁都翌年的延历十四年(795)十一月,渤海国王大嵩璘的使节到达出羽,移至越后国,次年献上国书和信物。其后渤海国使节也来访日本,至醍醐朝的延喜十九年(919),多达二十余次。

虽然渤海国使节最初到访日本的目的,是意欲牵制其共同的敌人新罗这一军事目的,不过进入平安时代,寻求文化交流、经济利益等成为其主要目的。由于日本方面拘泥于从渤海朝贡的形式,因

图 2-6　鸿胪馆出土的中国产瓷器

此对于使节所带来的信物，朝廷回赠了更多的信物。同时，渤海国派遣大使、副使的级别，也更换武官而多任命擅长汉诗的文官，以备在日本的诗宴。

渤海国的使节过日本海，大部分在出羽到若狭之间的日本海一侧靠岸。若被认为是正式的使者，就从那里被迎入平安京的当称之为迎宾馆的鸿胪馆（图2-6、图2-7）。被准许名正言顺入京、到达鸿胪馆的使节，首先向朝廷递交国书和被称作信物的贡品，信物献纳到内藏寮。其后，使节被授予官位和朝服，有接见、赐宴等仪式。

此外，使节还以个人名义向天皇、高官等献上称作别贡物的物品，或在鸿胪馆与内藏寮的官吏交易"远物"（装载来的贸易品）。

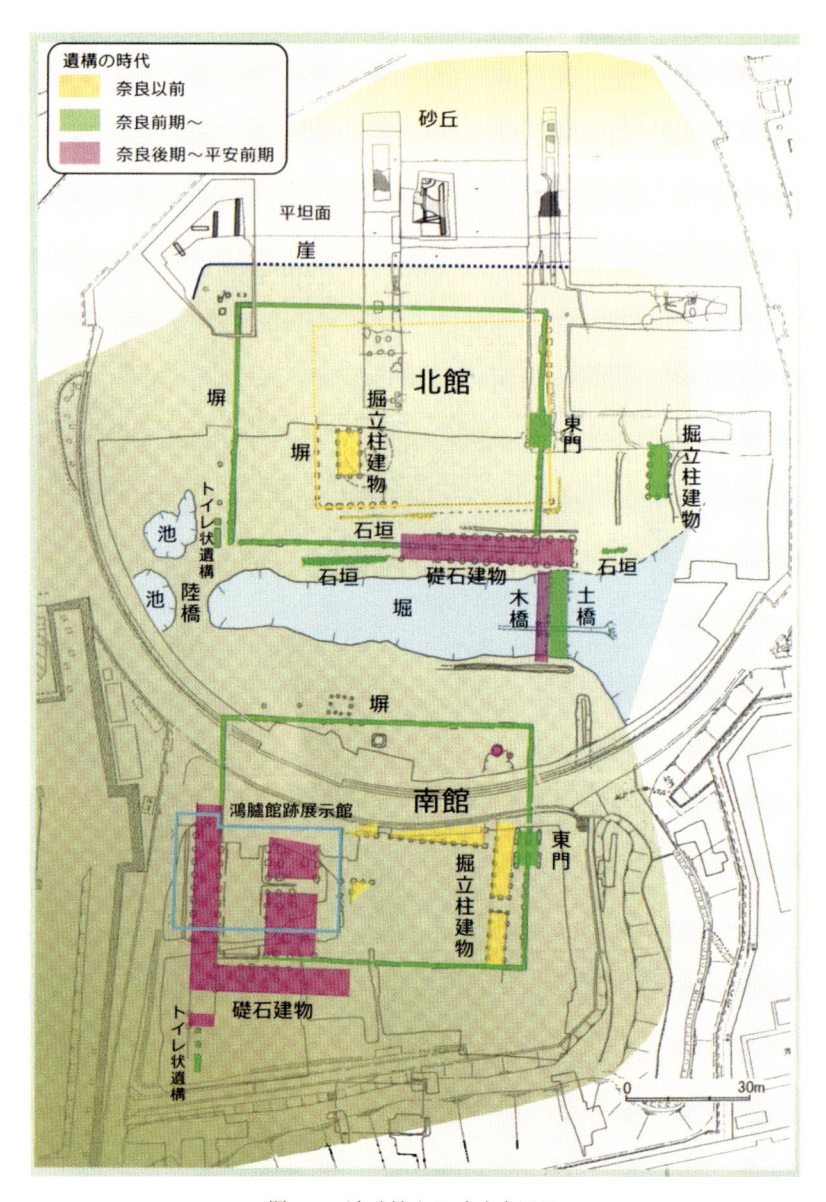

图 2-7　鸿胪馆主要遗迹变迁图

当时还有开"和市"（达成协议的买卖）与民间进行交易的场合。此类事情，《日本纪略》《扶桑略记》等中有详细记载。

渤海国带来的主要贸易品是毛皮，如最初的使节带入的是貂皮，第二次的使节带来的是虎皮、熊皮和豹皮。而且，渤海方面以朝贡的形式，从日本朝廷换取绢、絁（用粗丝线平织的绢织物）、丝、绵等纤维制品的原料。据延喜式的规定，为"绢三十疋、絁三十疋、丝二百絇、绵三百屯"。

所以，将渤海国使节作为正式宾客接纳，朝廷方面的负担也甚重。桓武天皇发话提案六年一次的年贡制，于是派遣遣渤海国使内藏贺茂麻吕提议，但未被渤海国采纳。另一方面，在嵯峨天皇让位之后的淳和朝，不顾淳和天皇的意向而按照藤原绪嗣的建议，向渤海传达了十二年一次的一纪一贡制，驱逐无视该制度来航的使节。然而，在其间的嵯峨朝，却是无限制接纳渤海国使、天皇亲自盛情接待、享受汉诗联欢的乐趣。

渤海国使和正仓院宝物

对待来日本的外国使节，日本方面进行应对的体系被称作"宾礼"，其款待情况可以弘仁五年（814）接待来日的渤海国使节为例。

以王孝廉为大使的一行，于弘仁五年九月三十日来航到达出云，那个时候做接待工作的是滋野贞主。

该年内入京的使节，出席了翌年弘仁六年（815）的元日朝贺及宴会等，又于正月七日为了响应渤海国使而举办内宴❶，女乐演奏也极其热闹。王孝廉获从三位，《文华秀丽集》中留存有好像是他在此宴会上所作的汉诗八首。

同月十六日，在丰乐殿举办欢迎宴，进行踏歌（多人跺脚唱歌舞踏）。并且，十七日，嵯峨天皇和渤海国使一起观看了在丰乐殿举行的射礼。然后于正月二十日渤海国使归国之际，又在朝集堂举办了送别乐宴并赐禄。之后二日，王孝廉等向出云出发，从元旦到二十二日之间，合计竟举行了五次款待活动。

嵯峨朝，除了宫中仪式，诸如这种款待渤海国使的宴会上，是否也有照例从正仓院出藏国宝来布置宴会的可能性呢？因为，追溯至渤海国使来航大约两周之前的九月十七日，如前文所提到的那样，以山水画屏风为首，嵯峨天皇从正仓院借出了唐国图屏风、大唐古样宫殿画屏风、唐古人屏风、唐女形❷屏风等合计三十六件屏风。

这些屏风的共通之处，就是描绘着中国古今宫殿、风景名胜、

---

❶ 内宴，平安时代于一月二十一日或二十三日前后的日子在宫中举办的私人宴会。天皇驾临仁寿宫南厢，召见公卿以下长于诗文的文人，酒宴之际观赏女乐、吟咏诗文。

❷ 女形，旦角，扮演旦角的男演员。

人物等。不过，屏风是否全部是来自唐的舶来品，并不确定。因为天平胜宝四年（752）为了大佛开光供养会圣武天皇制作了大量唐风屏风，故而嵯峨天皇借出去的屏风也很可能包含这类。

制作这些屏风，与其说是为了大佛开光法会，不如说是因大佛开光法会使得来自新罗、渤海等异国的来访者增加，出于装饰接待场所的需要而大量制作的。这些屏风是显示作为唐风文化的国家威严的文化装备。

而且，历史在重演。如圣武天皇在款待新罗使等异国使者的场合有效地利用了屏风那样，嵯峨天皇难道不是再次出藏屏风，用在了接待渤海国使的场所吗？

更值得注意的是，在王孝廉等来航之后不久的十月十九日，嵯峨天皇借出了前文提及的正仓院的漆琴和银平文琴。若大胆揣测，那么乐器有可能用于接待渤海国使的宴会上。正仓院宝物，作为在"和"之中的"汉"，的确当是具有身份象征功能的文物。即便是为了向其他国家显示作为唐风文化国家的威严，也有将正仓院的屏风、乐器等布置在欢迎宴上的必然性。

嵯峨天皇没有派遣遣唐使，而是将正仓院宝物这种当称之为日本文化之中的"汉"，最大限度地使用在了体现唐风文化精髓的仪式场合。因为接待渤海国使节，对于嵯峨天皇来说，只不过是日本向东亚他国显示自国威严和文化水准的国际政治场所而已。借出的正仓院宝物，是可以提升嵯峨天皇权威的文化装备。

承和的遣唐使

若说继嵯峨天皇之后平安时代对外关系的关键人物，当是在嵯峨天皇之弟淳和天皇之后即位的仁明天皇。

讨论仁明朝的对外关系，首先应提及的是承和遣唐使的派遣。此次遣唐使的派遣，应是出于仁明天皇父亲嵯峨上皇的强硬意向。虽然也可以说是仁明天皇秉承了嵯峨上皇未能实现的派遣遣唐使之梦，不过那是一次充满了苦难的派遣。

首先在承和元年（834），仁明天皇任命了大使藤原常嗣、副使小野篁等。但承和三年（836）、四年（837）连续两年出航，均以失败告终。其后，大使、副使在想要搭乘的遣唐使船（图 2-8）的问题上意见不一，副使小野篁因称病未渡航而被发配至隐岐，那也是因为惹怒了嵯峨上皇。

承和遣唐使于承和五年（838），第三次渡海方才得以成功入唐，圆仁、圆载等作为留学僧同行。事实上，这批最后派遣的遣唐使，其旅途之艰难辛苦，在圆仁的《入唐求法巡礼行记》中有详细记载。

即使那样，在承和年间的仁明朝时代，为什么遣唐使得以派遣呢？当时的遣唐使，是派遣六百名左右的国之大计，经济上的负担

图 2-8　唐船

也很大，而且遣唐使船遇险的风险也较高。尽管如此，就承和遣唐使的派遣，左伯有清氏认为，倒是因为承和年间是危机时期之故，所以才寻求从佛教界导入新的镇护国家的佛法。也有意见认为是渴望摄取大陆文化，特别是吸收音乐。

承和遣唐使的派遣，虽然有诸多理由，但也难以除去唐物，特别是香药的需要这一相关问题。就购入唐物的劳苦，圆仁的《入唐求法巡礼行记》中也有详细记载。

仁明天皇的唐物爱好

原来仁明天皇通晓各种技艺，善读汉籍，在草书、弓射、音乐等方面显示出才华，对医术也很有兴趣。因仁明天皇虚弱多病，据说即位后也常常调药（调剂丹药、石药等）。并且，他作为只使用舶来品香料的调香师，即所谓薰香的名手，也颇为有名。

到了平安时代，香不单是佛事、仪式用，也成为贵族们感兴趣的对象，出现了高度精炼的薰香。特别是仁明天皇时期，盛行调合薰香，仁明天皇其人、其第七皇子八条宫本康亲王、被称作闲院左大臣的藤原冬嗣等合香名手相继出现。以后，很多人意欲表现王朝的审美意识而比赛薰香调合，其秘方记载在应当称作平安末期香书集大成的《薰集类抄》中。合香名手出现在仁明天皇周边，是以那么多的香料作为舶来品被带来，即以唐物输入的增加为前提的。

仁明天皇的调香法，譬如在《源氏物语》梅枝卷中就有"承和御戒"的记载，留有其名。《薰集类抄》中也将坎方（另说为黑方）的处方作为"承和秘方"而介绍。天皇自身的唐物嗜好，对该时代的时尚无疑具有很大的影响力。

输入唐代香料并模仿唐代炼香的制法开始制作薰香，从仁明天皇时期获得急速发展，不久研究出了与中国不同的处方，其创始者备受尊敬。并且，形成了按照四季改变薰香的与日本审美意识相称的方式。也就是说，薰香不只是唐物的加工品，还成为提高至和文化的契机。

其背景是，唐物和政治结成一体，增加了其受关注的机会。在举行盛大的宫廷行事时，作为装饰这种场合的物品，或者作为进献物品，唐物这种奢侈品起到了重要的作用。皇统及其周围的贵族阶层之所以积极获得唐物这种象征身份的物品，也是想显示自身在政治、文化上的优越地位。而且，当时被称作海商的新罗或唐的商人们开始来航到九州，也增加了他们获得唐物的机会。

在被称作是国风文化开端的仁明朝，来自东亚的唐物却因需求高涨而备受欢迎，这或许看似矛盾，不过，与其说这是共存的现象，莫若说唐物的流入，如同薰香所表现出的那样，在向和式发展、扶持着国风文化开花结果才是实情。

向富裕阶层的扩展

接着，本书还想简单提及仁明以降的"唐物"需求和国风文化的关联。其后，由于唐物的需求日益高涨，清和天皇贞观五年

（863），被称作"唐物使"的、为了优先购买唐和新罗等外国商船带来的唐物的使者，从朝廷被派遣到了大宰府。

唐船一抵达博多周边，大宰府就向朝廷报告，请示是否准许在日本停留。若得到来自朝廷的许可，唐船的乘员则被迎接到大宰府的派出机构博多的鸿胪馆，允许止宿。然后，朝廷从内藏寮、后来的藏人所❶任命唐物使，派遣到大宰府收购朝廷的必需品，即通过所谓掌握优先购买权的形式来进行贸易。

贞观十六年（874），日本派遣了被称作入唐使的数名使者，以购物为目的搭乘唐的商船赴唐。其原委和内在原因，就是只要唐船到来，京城的贵族们就争相派遣使者去购买，为此，朝廷再三发出禁止在朝廷行使先买权之前抢购唐物的禁令。这可见于《日本三代实录》仁和元年（885）十月二十一日条、《类聚三代格》卷十九（延喜三年［903］八月一日条）太政官符等中。

后者即"禁遏越诸使、关，私买唐物"。其理由是，尽管唐船一到博多，朝廷就派遣唐物使，可是在此之前平安京（图2-9）的贵族们居然派遣私人使者欲争相收购唐物，大宰府周边的富裕阶层也因喜爱"远物"（唐物）而进行交易，造成了唐物价格急剧攀升。

禁令的下达表明朝廷独占唐物的体系正在被打破，与此同时，贵族、富豪阶层渗透到对唐物的占有中。遣唐使时代难以得到的唐

---

❶ 藏人所：扈从天皇，掌管传宣、进奏、仪式等宫中大小杂事的官署。平安时代初期创设，897年（宽平九年）置藏人所别当，由左右大臣兼任。

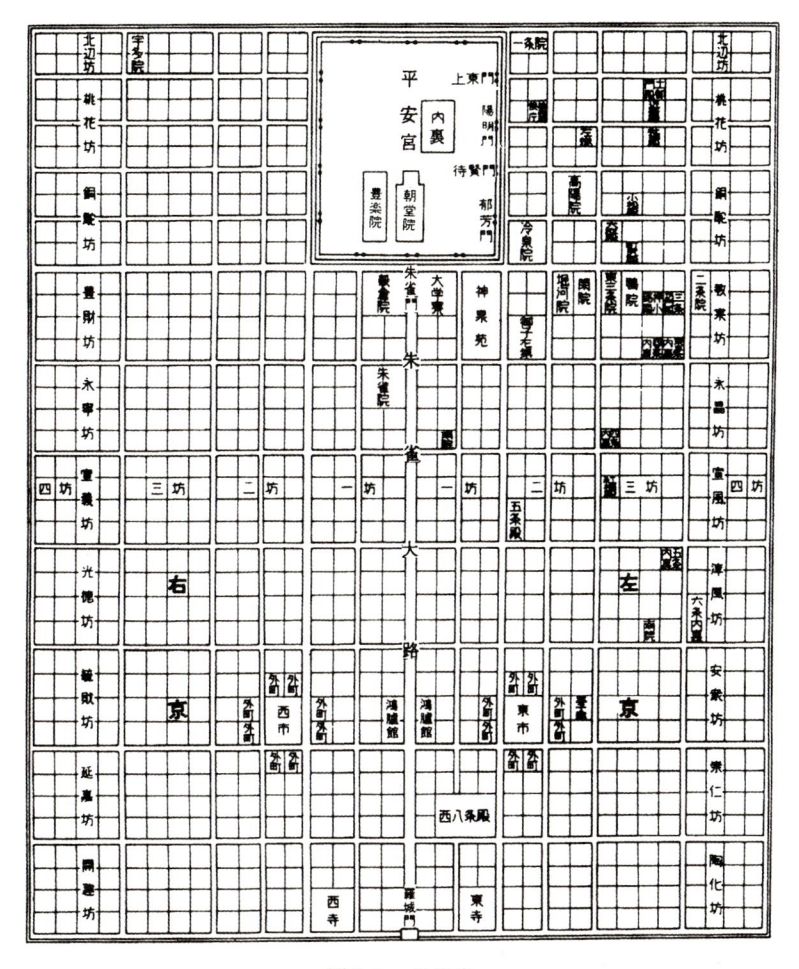

图 2-9　平安京

图 2-10　绀琉璃壶

绫、唐锦之类的绢织物、香料、药品等被商人大量带来，在民间被交易。朝廷虽然主张享有唐物的优先购买权，但并非是禁止那之后的交易，因此，舶来品风靡到了日本的富裕阶层。

那么，这一时期，即9世纪输入日本的唐物，具体都是些什么样的物品呢？时代稍晚的藤原明衡《新猿乐记》中，列举有五十种以上的唐物。《新猿乐记》完成于11世纪中叶，由于唐物的内容、交易圈从9世纪以来都没有较大的变化，故而可以作为参考。本书前言已经提及，唐物包括香料、贵重木材、染料、药品、颜料、皮革、衣料等。具体包括：

沉香、麝香、衣比、丁子、甘松、薰陆、青木、龙脑、牛头、鸡舌、白檀、赤木、紫檀、苏枋、陶砂、红雪、紫雪、金益丹、银益丹、紫金膏、巴豆、雄黄、可梨勒、槟榔子、藤黄、绿青、燕脂、空青、丹砂、朱砂、胡粉、豹虎皮、藤茶碗、笼子、犀生角、水牛如意、玛瑙带、琉璃壶、绫、锦、罗、縠、绯襟、象眼、纮綱、高丽软锦、浮线绫、吴竹、甘竹、吹玉等。

以上的唐物分类，自沉香到白檀的十一种，是广泛产出于亚洲的香料（香药）。赤木、紫檀为贵重木材，苏枋是染料，陶砂为陶土，从红雪至槟榔子九种是药品，藤黄、绿青以下为颜料类。其后有豹皮、虎皮等皮革类，茶碗等陶瓷器，犀、水牛等角类，石带有玛瑙带，玻璃类有琉璃壶（图2-10），绫、锦、罗、縠、绯襟、象眼❶、纮綱、高丽软锦、浮线绫均为衣料，吴竹、甘竹是制笛的材料。

除此之外，作为唐物传入的还有重要的书籍，鹦鹉、孔雀、鸽、白鹅、羊、水牛、唐犬、唐猫、唐马等珍兽类，唐纸、唐硕❷、唐墨等文房用具类。这一时代唐物被广泛供应的情况，由此可见一斑。

---

❶ 象眼，在布或纸等之上，用金泥、彩色纸等镶细边的东西。
❷ 原著中作"唐硕"，疑为"唐砚（砚）"之误，若作为文房用具，当为砚台之类。

"国风文化"的真实形相

仁明朝以降，基于唐物需求越发高涨的现象，我们再次来研究被称作国风文化的时代。

关于国风文化，曾经有过下述言论。虽然平安时代初期唐风文化曾占据优势，但从宇多朝的宽平六年（894）废止遣唐使开始，唐文物的影响也随之渐弱，发展成称为国风文化的纯粹的日本文化。于是，存在这样一种观点：日本从"模仿"唐文化的时代开始，到废止遣唐使，进入锁国状态，转而过渡到"创造"国风文化。

但是，宇多朝的遣唐使计划，与其说是废止，不如说是由于菅原道真的建议而中止，之后未再恢复才更为准确。最初宇多天皇做此决定的原因，也是因为即使不依赖像遣唐使这样危险且经济负担沉重的朝贡使，也能确保从大陆流入文物和情报等。如重复所述，并非遣唐使中止是因、而从唐风文化向国风文化的转换为果这种单纯的关系。

由于8世纪的新罗商人、渤海商人以及稍迟的9世纪的唐商人的活跃，来自大陆的唐物流入较之遣唐使时代也是绝对增加了。亦即支撑国风文化的时代背景是东亚交易圈；所谓国风文化，并不是在锁国的文化环境中开花，而是与唐文化密不可分的文化。

国风文化被称作是都市的文化，在平安京这种都市中，财富越是集中，对唐物这种奢侈品的欲望日益增长也就越是必然。不管朝廷的贸易统管如何，投机取巧的走私贸易必然盛行。在此意义上所谓的国风文化，可谓是在享受唐风奢侈品的环境中形成的文化。

即便是宇多天皇，虽然不再派遣遣唐使，但对唐物的收藏毫不怠慢。承平元年（931），从御室❶移至仁和寺宝藏的宇多上皇的御物中，包括来自唐、渤海、新罗的大量舶来品也颇有意思。

遣唐使制度被中止之后，天皇发布勅撰《古今和歌集》的宣旨，即使被称作国风文化代表的醍醐天皇，使用经由博多从东亚带来的唐物，确立称作"唐物御览"的体系，用以演示皇威。所谓唐物御览，即天皇观看记有船员名字、运送唐物种类和数量等的文书、渡海许可书和进献物品的仪式，进献物品作为唐船的商人们景仰天皇之德望而来日的证据。唐物御览之后，天皇进而将进献物品分配给臣下，唐物更进一步向贵族阶层扩散。

在遣唐使的时代，虽然唐物体现王权支配的意义，也在唐物御览的体系中发挥着作用，但是到了国风文化的时代，拥有唐物也成为贵族、富豪确立身份的象征。唐物不只限于作为王权优越

---

❶ 御室，日本京都府京都市右京区地名，真言宗御室派的总寺院，仁和寺的雅称。醍醐天皇延喜四年（904），宇多天皇在仁和寺营建"御室"用以起居的御所，该房屋被称作"御室御所"，不久成为仁和寺的别称。

地位的表象，也通过都市富裕阶层入手舶来品的方式而广泛渗入王朝文化。

黄金和"火鼠皮衣"

国风文化的时代，唐物成为贵族、富豪阶层等所渴望的身份象征，这不仅在史料上所有反映，在王朝文化中也较为显著。那么，唐物是如何渗入贵族社会的呢？以王朝文化中的《竹取物语》和《宇津保物语》为例，重点来追寻其与唐物的关系。

当然，《竹取物语》《宇津保物语》这类虚构文学中交易唐物的状态，并非原样反映出时代状况，其中也有因为虚构的夸张、诙谐文化的部分。创作故事中唐物的状态，与其说是"再现"当时的现实，不如说是"再编"的更为合适。不过，虽然虚构设定和时代还是有距离的，但也并非不能从两个物语来推测当时唐物的形象。

《竹取物语》的成书年代难以明确，据推测，是在《古今集》成书的前后，特别是890年代的后半期。其内容众所周知，是由辉夜姬的成长、五位贵公子和天皇的求婚、辉夜姬升天（图2-11）等情景构成。其中与异国物品关系较深的是辉夜姬让贵公子们做的难题，即所谓设置难题来求婚的场景。

图 2-11　辉夜姬升天

　　五个难题物品，分别是佛御石钵、蓬莱玉枝、火鼠皮衣、龙首球、燕子安贝，如竹取翁所慨叹的"亦非在斯国"那样，所谓"国风"，不一定是指国内的物品。这在汉籍、佛典中有一些书面根据，早在近世契冲所著《河社》中便已经指出。《竹取物语》中，最初就以不可能入手的、观念上的异国物品来设置难题。

　　在此难题典故中，从与唐物关系的角度尤需注意的是第三个难题，即让右大臣阿部御主人解决的"火鼠皮衣"的难题。"火鼠皮衣"虽据辉夜姬所说是唐土之物，但阿部御主人自己并未去搜寻皮衣，而是想用砂金通过私人贸易来解决。是年，他写信给来到博多的唐船船主王庆（在唐的商人）订购火鼠皮衣，派遣机敏的家臣小野房守带着砂金和书信去博多。

在围绕东亚的交易圈中，居住在唐的新罗商人的活跃从8世纪开始就被认可，援助圆仁入唐的张宝高等较为有名。接着自称渤海使的渤海商人加入了活动，一般认为唐商的加入是在9世纪中叶。支援入唐的圆珍的徐公直和公祐等，也是唐商。唐商来航日本的较早记录，一般认为是承和九年（842）的李邻德商船；时代稍晚的，唐商中还有如李环那样进京并直接与宇多天皇会面者。《竹取物语》中的王庆身上就有唐商徐公直的影子，甚至有观点认为其反映了9世纪国际贸易的真实形相（田中史生）。

虽然唐商王庆在唐，用商船往返于博多和唐之间的是小野房守，不过至少其也是与朝廷以外的购买阶层进行私人贸易活动的商人。这种场景的交换，不只是购买带来的唐物的贸易，也不是与居住在博多的海商的贸易，而正好是二者之间的贸易形态。贞观十六年（874）为了购入香料和药等派遣的入唐使的作用，或可谓与之相近。怪不得《竹取物语》中的小野房守，要到海外去购买需要的物品。这个故事精彩地反映出遣唐使以降，不通过朝廷形式的贵族私人贸易成为可能的状况。

纵令辉夜姬在提示难题之际说火鼠皮衣是"唐土"的物品，不过按照唐商王庆描述的取得火鼠皮衣时的辛苦程度，来自天竺的传道入唐僧携带来火鼠皮衣并将之安放在"西山寺"。所谓"西山寺"，

图 2-12　火鼠皮衣绘画

也许我们可将之意想为唐和西域连接点的敦煌莫高窟那样的地方。总之，王庆谎称火鼠皮衣是经由丝绸之路、从西域带来的稀少的舶来品，进而要求以砂金五十两作为交换。

然而，阿部御主人追加支付砂金得到的皮衣，理应不被火烧，结果却被辉夜姬烧着了。虽然阿部御主人终因假冒的"火鼠皮衣"而求婚失败，不过其反映出当时舶来毛皮的流行，讽刺了贵族们争相到处搜购皮毛的现象。《竹取物语》通过描写被放射黄金光芒的美丽毛皮欺骗的阿部御主人，猛烈批判了醉心于从东亚交易圈带来的唐物、不惜花费重金的平安时代的贵族的心理（图2-12）。

《宇津保物语》和两条交易路线

那么,继《竹取物语》之后,虚构故事《宇津保物语》的情况是怎样的呢?《宇津保物语》的成书,据推测为天禄年间至长德年间(970—999),其内容若用一句话来概括,就是从清原俊荫—俊荫女—仲忠—犬宫连续四代的秘琴传授的故事。

《宇津保物语》中也有长编物语,多见唐物关系的描写。而且,《宇津保物语》中有反映平安时代两条贸易路线之真实情况的场景。其路线之一,就是嵯峨朝部分也提到了的与渤海国的交易。

平安时期来日本的渤海国使,将大量的毛皮作为朝贡品、交易品带到了平安京。其记录不甚多,贞观十三年(871)岁末来日本,翌年五月进京的大使杨成规也带来了虎皮、豹皮、熊皮以及貂皮作为贡品,其后还与民间进行了交易。其原因之一就是为了抵御平安京冬天的寒冷,毛皮的需求有所增长。男贵族们穿着舶来的毛皮,参加平安京冬天的野外活动。

不过能得到渤海国毛皮的,只限于贵族、富裕阶层等一部分人。也就是说毛皮不只是防寒用,还是一种身份象征,作为财富、高贵和权威的象征而被赞赏。延长五年(927)延喜式的弹正台式(基于身份的各种规定）中，规定了穿着毛皮的标准，五位以上为虎皮，参议以上和三位的非参议为豹皮，参议以上为貂皮。高价的毛皮之中，貂皮被认定为最高的等级。

《宇津保物语》藏开中卷中，也出现了最高级的貂皮。师走（腊月）中不得已在宫中值宿的主人公藤原仲忠，送信给妻子女一宫，请求将值宿所需的衣服送来。女一宫把六尺左右的背面带绫絮棉花的"黑貂皮衣"和红色织物直垂❶一起，作为防寒用的衣服送来了。一方面，用来抵御腊月的寒冷，没有比这更合适的物品了；另一方面，是认识到貂皮是位居右大将要职的仲忠在宫中穿上也无甚奇怪的最高级别的毛皮。《宇津保物语》中的黑貂毛皮，既是防寒用的衣服，也是象征上流贵族身份的舶来品。

尽管如此，舶来品被带来的路线，不仅是从渤海国，当然还另有在博多购自唐海商、运到平安京的路径。《宇津保物语》中，后者的比例较大。此路线如前所述，是朝廷派遣的唐物使前往大宰府的派出机构博多鸿胪馆、行使优先购买权的路线。

《宇津保物语》尚侍卷中，就唐物使购买、收纳到藏人所纳殿的唐物也讲述得非常详细。朱雀帝以前将热心的仲忠之母，即俊荫女召来宫中演奏古琴秘曲，作为奖赏授予其尚侍之位。左大臣秉承帝意，将藏人所储存的唐物毫不吝啬地赠予了俊荫女。其赠品，是"绫、

---

❶ 直垂，方领、无徽、带胸扣、下摆掖进裤里的武士礼服。

锦、花文绫"等舶来的衣料以及"麝香、沉、丁子"等香料。这反映出唐人每次来航，藏人所派遣唐物使收购的唐物交易的真实情况。

秘色瓷和琉璃

但是另一方面，安置唐商到鸿胪馆、派遣唐物使还是经济负担较重，故而常常不是唐物使交易，而是也委托给派出机构的大宰府的官吏。其结果是，通过大宰府的官吏，京城的贵族阶层、富裕阶层得以便捷获取唐物的现象也屡屡发生。

掌握交易专利权的大宰府的官吏，如何得以储存巨额个人财产，从《宇津保物语》藤原君卷、围绕被称作"帅"的前述的大宰大弐滋野真菅的轶事可见一斑。

该卷中，源正赖之女被称作贵宫的美女，接受不限身份贵贱的许多男子求婚，然而滋野真菅都年逾六十了，居然入列贵宫的求婚者之中。真菅就任大宰大弐，积蓄的钱财绰绰有余，却在归洛的旅途中丧妻，回京后听到贵宫的传闻，据说有子四人、女三人，还恬不知耻地求婚。《宇津保物语》中戏剧性地描绘了真菅的好色样子，不过真菅敢于挺胸求婚，正是因为有大弐时代积蓄的钱财，持对财力的自信。真菅拥有往返京城和筑紫的筑紫船，给女儿们挑选了唐

图 2-13　青瓷水注

物极品绢。而且，在表现真菅一家是怎样豪奢生活的部分，出现了被称作"秘色"的舶来杯子。所谓"秘色"，是指位于中国江南地区越州窑的舶来青瓷的颜色，也出现于唐代的诗文中，本来是神秘的颜色或者特别的颜色之意（图2-13）。可是，由于唐之后的吴越国为了确保越州窑的青瓷用于贸易，禁止臣下、平民等使用，因此被称作"秘色"的说法也是后世所加。

总之，从靠近越州的明州港出口，西至遥远的埃及福斯塔特遗址，都发现有秘色瓷遗存。《宇津保物语》中的"秘色"，也是用真菅于大宰府的大弐时代通过唐物交易得到的高价食器的印象来讲述的。

另外，《宇津保物语》中，作为食器，除"秘色"青瓷之外，还有被称作琉璃的玻璃制品出现。《宇津保物语》藏开中卷中，有藤壶（贵宫）给在殿上房间里的官员们送食物的场景，此处出现了各种各样的琉璃、酒器等。

图 2-14　博多鸿胪馆遗址出土的伊斯兰玻璃

　　藤壶给酒台大小的玻璃罐中盛饭、玻璃碟状的碗中盛干货、浅碟中盛糕点、大玻璃瓶中装酒等，全用玻璃餐具送食物。当时，输入的玻璃器，有纤细的中国（宋）制玻璃器和从更西带来的大型结实的伊斯兰玻璃器皿。伊斯兰玻璃器皿是装盛蔷薇水、白砂糖、葡萄酒之类的坚固容器。该场景的琉璃食器，较之看作中国制作而言，更有可能是伊斯兰玻璃（图2-14）。

俊荫请来的唐物

《宇津保物语》中，并不只限于秘色、琉璃，作为礼物、正式仪式用器具的唐物颇多。不过，在《宇津保物语》中更重要的是，除了来自两条贸易路线的唐物，或许还描写了不通过实际贸易路线而来的唐物。那就是，仲忠的祖父清原俊荫从异国带来的、秘藏于三条京极旧邸库房的各式各样的物品。

藏开上卷中，仲忠隔了好久才来到三条京极俊荫邸的库房，得知其依旧关闭，祈祷先祖之灵而打开库房，发现了祖父俊荫及其先祖留下的书籍、用沉香做的唐柜和香之类。《宇津保物语》首卷的俊荫卷，最初是从清原俊荫年轻有才学、被任命为遣唐使的一员而渡海开始的，只是俊荫因所乘遣唐使船遇难，而漂流到了"波斯国"。

"波斯国"位于何处，有波斯说和南海说（印度尼西亚苏门答腊岛附近）。反正要是遇难的遣唐使就必然从"波斯国"前往唐土，以完成使命，然而俊荫却没有那么做。俊荫直达波斯国西部腹地，受仙人传授古琴，然后于第二十一年从"波斯国"搭乘商船回到日本。

其后，俊荫出来做官，但不久就辞职闭居三条京极家中，然后将古琴秘曲传授给独生女俊荫女，离世而去。俊荫女和藤原兼雅生下仲忠，住在北山的宇津保，辛苦末了被迎接到兼雅之家，于是三条京极的家宅就成了空房。藏开上卷中，此三条京极家宅的库房被大书特书，虽然是仲忠打开的，但是在该卷之后不可思议的是，俊荫作为遣唐使往返了肯定没去过的"唐土"。

库房中的唐物，并非被当作来自俊荫流离的波斯国的西方舶来品，而是作为遣唐使俊荫从唐土带回的储存物品被讲述。这样始终强调它们是来自唐的物品，或是为了抬高俊荫遗留物品的权威性。

本来记录中的"唐物"这种称呼方式，也开始于延历、承和的遣唐使，是"唐土"的物品，或经由"唐土"而来的物品的意思，舶来品被赋予权威化的表现，如前章所见。在此意味上，是有必要将俊荫请来的物品与"唐土"联系起来的。

藏开以后的世界

藏开上卷中记录的仲忠打开祖父仓库的场面，首先惹眼的唐物是俊荫遗留的书籍。如同吉备真备，遣唐使的任务之一就是带回诸学书籍，俊荫不限于汉学，还带回了药学、医学等内容的广泛诸学书籍。其后，妻女一宫妊娠，仲忠就从三条京极库房的书籍中取出俊荫传下来的《产经》，按照其法，照顾妻子直到犬宫诞生。仲忠还从库房中取出收纳香料的唐柜，将香料分配给母亲俊荫女、女一宫，因此得到了这一家族的香料无双的评价。

更惹人注目的能体现京极旧邸库房遗品优越性的，是在可称作《宇津保物语》结局的楼之上上卷的，仲忠在京极邸建高楼的场面。

高楼是为了俊荫女给孙女犬宫传授秘琴而建的，仲忠在营造之际，慷慨地使用了俊荫的唐物，特别是苏枋、紫檀、浅香、白檀、唐绫等。京极邸之楼屡被指出具有唐风形象，那是因为俊荫用带来的异国物品装饰的结果。因此，京极邸成为举世无双的"汉"之空间，受到他人乃至天皇家的羡慕。

将近楼之上上卷的尾声，描绘了俊荫女和犬宫弹琴的场面，朱雀院和嵯峨院驾临，俊荫献上亲笔题写有插图的册子和来自"唐土之帝"下赐的高丽笛。在此，也贯穿着不论皇族还是其他阶层得到的唐物如何贵重、都不及俊荫遗品绝佳的逻辑。即使赠送给嵯峨院的高丽笛，也是宛如遣唐使蒙唐朝皇帝赏赐的回赐品。

《宇津保物语》虽是虚构的亦当称作唐物品牌的唐物溢彩的世界，然而通过仲忠即兴炫耀继承自祖父俊荫的物品，表现出压倒天皇家和权贵的优越地位。即使言及"波斯国"这个异国，毋宁说《宇津保物语》的后半部分，完全是以俊荫作为遣唐使被派遣到"唐土"的权威而结束的。《宇津保物语》讲述的不仅是秘琴传授的故事，亦可谓通过俊荫带来的唐物的优越性、作为保证仲忠一族荣华的故事。可谓真正强烈凸显"汉"文物之正统性的世界。

第三章

王朝文学中所描写的唐物嗜尚

——从《枕草子》《源氏物语》的世界开始

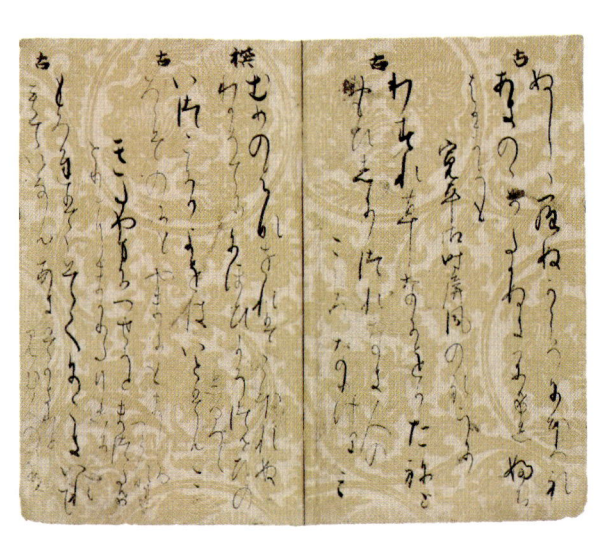

《唐纸本素性集》，舶来的唐纸

解读《枕草子》

前两章,以嵯峨天皇、仁明天皇、醍醐天皇这样的关键人物为中心,追溯了唐物和掌权者的关系。此外,在《竹取物语》《宇津保物语》中,探寻了唐物向贵族日常生活的渗透,以及利用唐物彰显存在的故事等。

本章,拟追寻在被称作国风文化之精华的一条朝(986—1011)的时代,唐物是如何渗入贵族的日常生活中的,在此来关注与《源氏物语》并称一条朝文学双璧的《枕草子》。因为,那里处处可见与道长之兄藤原道隆,即与所谓中关白家的荣华相关的唐物。

《枕草子》中与唐物相关联的词汇,可见"唐镜""唐锦""琉璃壶""鹦鹉""沉""唐纸""唐绫""唐之薄物"等,有当时宫廷爱好的唐物全体出场之感。然而,被认为是奢侈品、遥不可及的唐物,却在一条朝的宫廷生活中,特别是中关白家的周边触手可及。

具体说来,清少纳言供职宫中的体验,是从遇到唐物及其奢华加工品开始的,这亦可从讲述其首次工作场景的段落中窥见一斑。

在"初参宫顷"❶之段，竟然出现了用舶载沉香制作的火桶❷。沉香火桶，其奢华压倒了刚刚开始供职宫中的清少纳言，可谓是中关白家财富和荣华的象征。

沉香是来自南方的舶来品，一般认为其质量的优劣是按照产地真腊（柬埔寨）、占城（越南）、大食（西亚）、三佛齐（马六甲，三佛齐国，室利佛逝、佛逝）的顺序，经由中国、朝鲜等中继贸易带来平安京。说到沉香，以作为薰香原料的香料而著称，不过，如在前章《宇津保物语》中所见，沉香的器具、手工艺品、沙洲形盆景（洲滨，模仿有洲之浜而制作的基底）常常出现。沉香既是正式场合使用的器具，也用作礼物。

《枕草子》中不限于正式场合，在日常生活中也有高价的沉香火桶那样的物品引人注目。莫如说是通过使用的唐物器具的素描，来炫耀定子沙龙乃至中关白家财力的方式。用贵重的沉香作火桶，是当时中关白家繁荣的象征，而且不是在仪式场合，是在日常光景中，给人留下的印象越发深刻。

同样，在"初参宫顷"之段中，中宫定子在白衣之上搭配"红色唐绫"褂子，她那穿着得体的身姿，被作为非此世间能有的优雅

---

❶ 原文作"宮にはじめてまゐりたるころ"，因在引号之内，故取其汉字作"初参宫顷"，其意为"初次参上后宫的时候"。林文月译《枕草子》（译林出版社，2011年）第227页一八二译作"当初，开始参上后宫"。

❷ 火桶，木制圆火盆。林文月译《枕草子》中（如第28页"二二 扫兴事"）译作"火盆"。

端丽而进行了令人印象深刻的描绘。定子在《枕草子》中，喜欢穿红梅袭❶之类的华美服装，她也的的确确是与之相称的女性。这种日常的装束，表现的不只是中宫定子的美丽，也完全表现出了定子沙龙乃至中关白家的繁荣。

唐的宣纸❷和青瓷

此外，定子平时过着被唐物围绕的生活，这从"唐纸"之例可见一斑。在"参笼清水"❸之段中，说的是清少纳言在参诣清水寺（图3-1）之际，收到了来自中宫定子在"唐纸的红色信笺"上用草假名书写诗歌的关怀细微的信函。"唐纸"是从中国舶载来的纸，虽然也有模仿

---

❶ 袭，此处指平安时代袍下重叠所着衣服。红梅袭（こうばい-がさね<kobai-gasane>），"袭"的色调，面儿白、里儿苏枋，春天穿着；葱绿单衫，紫红色、红梅色、红色单袿。林文月译《枕草子》中（如第28页"二二 扫兴事"）译作"红梅花纹衣裳"，并且注释"面红里白之和服，其穿着季节应在十一月至二月，故云"。

❷ 此处目录中的宣纸和青瓷，均是"唐"的，为了区分原著中的"唐纸""唐の纸""和製の唐纸"，译文中分别使用了"唐纸"（宣纸）、"唐的宣纸""和制唐纸"（即"和宣纸"，日本造的宣纸）等词汇。

❸ 原文作"清水に笼りたりしに"，因在引号之内，故取其汉字作"笼清水"，并因其意加"参"字。参笼，闭居在神社寺院中斋戒祈祷。林文月译《枕草子》第325页二八一译作"参诣于清水寺之际"。同句中的"唐纸的红色信笺"引自林文月译本。

图 3-1　清水寺

其纸质的和制唐纸,但在此应为前者。

　　关于唐纸,此处略作说明,广义上是指所有从中国舶来的纸,狭义上是指从北宋进口的纹唐纸❶、被称作具引云母刷纸的鲜明色彩和以云母印刷为特征的纸。主要以竹为原料,在纸的表面涂胡粉,然后用刻有唐草、龟甲之类纹饰的版木,用云母模印出的漂亮纸张。今日存留的平安时代的遗品中,使用舶来唐纸的,有以《唐纸本素性集》(**本章首**)为首的《粘叶本和汉朗咏集》(图3-2)《卷子本古今集》以及《本阿弥切》《寸松庵色纸》等。

---

❶　纹唐纸,用胡粉或者云母粉末印刷出纹饰的宣纸。

和制唐纸的遗品，有《元永本古今和歌集》《东大寺切》，还有较多使用这种和制唐纸的作品，最有名的有国宝《西本愿寺本三十六人家集》（图3-3）。《西本愿寺本三十六人家集》汇集了三十六歌仙的各家集，是进献给白河法皇❶的贡品，也使用了舶载的唐纸，但多为和制唐纸，被认为是其最高杰作。

唐纸的特征之一就是色纸，好像当时爱好染色纸，在其上创作绘画、诗歌之类，用于扇面、隔扇拉门。这封定子的书札，或许也相当于此。《大镜》伊尹传载，藤原行成进献给一条天皇的扇子，"黄色唐纸的底样已经模糊"❷。定子选择的唐纸也是染色纸，其上所带的红色，反映出定子喜欢华丽的嗜好。

另外，在"清凉殿丑寅隅"❸之段，放置在清凉殿东北隅的"青瓶"以盛开的樱花装饰。此处的"青瓶"虽只是无意之词，但为舶来的青瓷瓶的可能性较大。当时的日本还不会生产青瓷，多为经由大宰府的来自中国越州窑的输入品。其中的精品，就是前章所说的"秘色"，是平安时代宫中、贵族宅邸中的贵重物品。因此，这里的"青瓶"即青瓷瓶也是越州窑青瓷，是"秘色"的可能性非常之大。

---

❶ 法皇，入佛门的太上天皇，全称太上法皇。
❷ 原引文作："黄なる唐紙の、下絵ほのかにおかしきほどなるに"。
❸ 原文作"清凉殿の丑の隅に"，因在引号之内，故取其汉字作"清凉殿丑寅隅"。按照十二支配置位置，子（正北）和寅（东北）之间为丑。林文月译《枕草子》第21页二〇译作"清凉殿东北隅"。

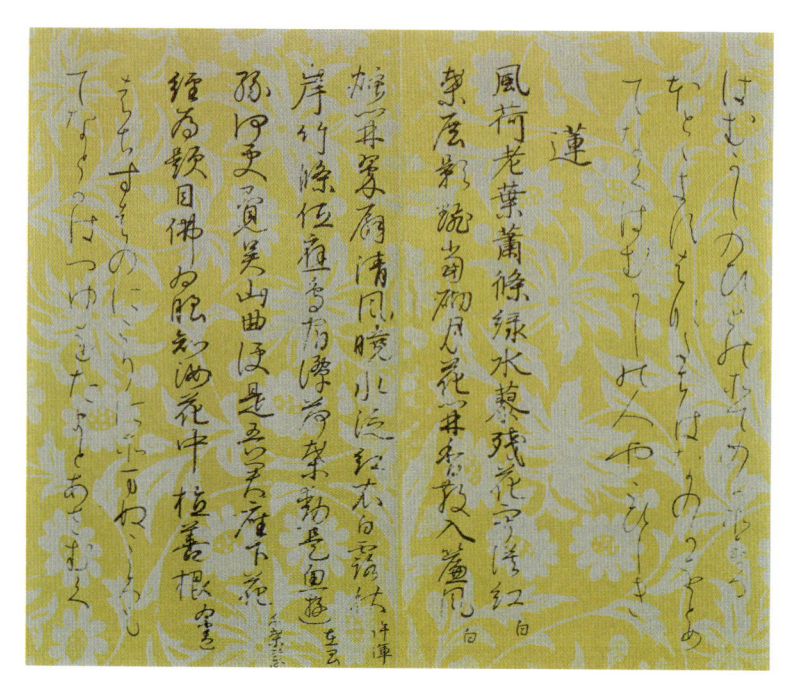

图 3-2 《粘叶本和汉朗咏集》莲

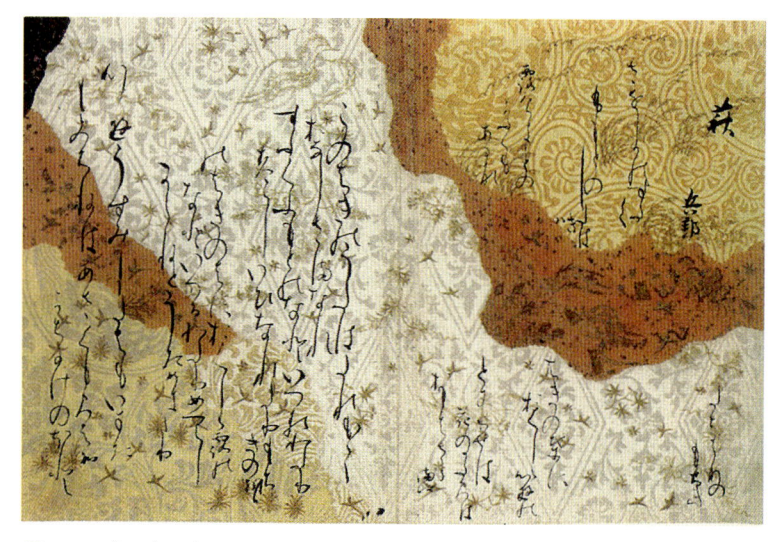

图 3-3 《西本愿寺本三十六人家集》顺集

定子的华贵盛装

《枕草子》"关白殿，二月廿一日"❶之段，是讲述积善寺供养的段落，也是在定子一族的荣华之中最为辉煌的记忆。定子之父道隆，在法兴院中修建了叫作积善寺的寺院，正历五年（994）二月供养《大藏经》之际，不仅道隆一族，一条天皇之母诠子女院也亲自驾临。此处，中宫定子也挽发、着裳，身着最高级的正装莅临。

其身姿，如描写的那样，"里面穿着柳绿色的唐绫袿子，染成葡萄色的五层衣裳，赤色唐衣，白底青纹的唐罗上绣着金银象眼图案的裳裙"❷，在"唐绫""唐之薄物"等唐物之上，穿着禁色（无勅许不可着用）红色的唐衣，是尽善尽美的豪华服装，的确是最大限度地发挥了唐物品牌性的艳丽服装。强调唐物是奢侈品，巧妙地传达出了以中宫定子为首的中关白家当时的财富和荣盛的氛围。

《权记》（藤原行成的日记）中，有讲述定子与唐物的关系的颇有意思的记事。长德元年（995）九月，发生了宋人七十余人希望通过贸易漂至若狭国的事件，其后一行人被转移到越前国。而且，中

---

❶ 《枕草子》第289页二五六译作"关白之君于二月二十一日"。
❷ 此处引号内译文，引自清少纳言著、林文月译《枕草子》第302页二五六段中译文。

宫定子似乎从其中一个叫作朱仁聪的人那里购买了唐物。若说长德元年，其父道隆于四月病殁，五月给道长颁下了内览的宣旨，这一年是中关白家突然由盛转衰之年。翌年四月，因为花山院被随员箭射的事件，定子的兄弟伊周、隆家被发配，定子因精神上的过度打击，尽管在妊娠之中，却于五月一日落发出家。六月八日，定子的自邸二条宫遭遇火灾烧毁，不幸接连发生。

十二月，修子内亲王诞生。到了长德三年（997）四月，伊周等被赦，定子重被迎回宫中，住在中宫职的御曹司。定子从朱仁聪那里获得唐物，是在长德三年以后，还是可上溯至长德元年冬天到翌年春天，已无法确知。总之，虽然是中关白家的没落时期，为了表现中宫的体面，唐物还是不可或缺的。

然而，一行人中的朱仁聪，其后离开越前国去了大宰府，与带去货款的中宫定子的使者走岔，才有了向朝廷控告定子未付货款的一场纠纷。据《权记》长保二年（1000）八月二十四日条记载，被问及情况的定子，转告藤原行成召问中宫亮❶高阶明顺。

道长也知道这个事件，正在妊娠中的定子该有多么心痛。虽然在前一年的长保元年十一月，定子如愿生下第一皇子敦康亲王，但是长保二年二月彰子重新当上中宫，尽管定子转为皇后，然而其权势是被挤压了。同年岁暮，定子生下第二皇女媄子内亲王后驾崩，

---

❶ 中宫亮，中宫职之一，官阶从五位下。中宫职，又称后宫职，是日本律令制中，中务省辖下的家政机关，专司与服侍后妃相关的事务。

或也是因为包含这种事件在内的长期操劳的结果。

《枕草子》是在赞美唐物的定子沙龙中开花结果的文学作品，还通过强调形形色色的奢侈唐物，不仅讲述了道隆不在之后的中关白家衰运期的真实情况，也可谓是作为财富、权威和权力符号的荣盛时代的象征。

那么，藤原道隆不在之后，登上权力中枢的其弟道长的情况又当如何呢？

"世间之事时有圆缺，独我满月"[1]

吟咏道长最高峰时期的这首和歌非常著名。宽仁二年（1018）三月，道长让第三女威子作为后一条天皇的妃子入内，十月当上中宫。长女彰子为太皇太后，次女妍子为皇太后，藤原实资在其日记《小右记》中，惊叹道："一家立三后，未曾有也。"而且，在威子立

---

[1] 原著中作"この世をば　わが世とぞ思ふ"，译文用"この世をば　わが世とぞ思ふ　望月の　欠けたることも　なしと思へば"的译文作小标题名。经查，《小右记》中的原文为："此世乎は我世と所思望月乃虧たる事も無と思ヘハ"（东京大学史料编纂所编纂：《大日本古记录 小右记 五》第五五页，岩波书店刊行，1969年）或"此世乎は我世と所思望月乃虧たる事も無と思へは"（增补史料大成刊行会编：《增补史料大成 别卷 小右记》第二〇五页，临川书店，1965年9月）。

图 3-4　大宰府展示馆模型

后之日（十月十六日），道长于宅邸召集诸公卿举办庆贺的宴会，道长即兴吟咏"世间之事时有圆缺，独我满月"。据说与道长相对的实资没有答诗，而是建议大家一同唱和此歌，诸公卿遂反复数次吟咏。

那时候道长刚辞去太政大臣，得到了准三宫（以太皇太后、皇太后、皇后的标准）的待遇。被认为是准太上天皇光源氏原型人物之一的道长，他与唐物的关系又是怎样的呢？

作为霸主的道长得以感觉到如"世间之事时有圆缺，独我满月"那样的荣华的顶峰，虽然是由于入内的女儿们的缘故，但道长也为了女儿们，按照自己的需要进献唐物。

服侍道长之女中宫彰子的紫式部留下的《紫式部日记》中，也有道长进献唐物的相关记事。退出土御门邸的妊娠中的中宫彰子的女官们在调合薰香之际，也曾以道长邸所藏舶来的香木为原料。道长亦曾将用唐物的罗（薄物）裱褙的三代集范本进献给回到宫中的彰子。

附带说一下，较之赠送唐物本身，道长更有赠送薰香、书法范本等唐物加工品的倾向。特别是薰香，成了妍子立后、威子裳着❶（成女式）之类的女儿们的典礼赠品。道长通过调合出色的薰香和制作书法范本，也显示出了其在文化上的霸主地位。

可是，若仅如此，就会限于片断故事，因此从道长的日记《御堂关白记》及其他记录中，来试着挑选道长的外交、贸易或进献购买唐物的相关事例，来看看大宰府（图3-4）的道长与海外的关系究竟如何呢？

道长对书籍的嗜好

由《御堂关白记》记事可知，宋船来航通过大宰府的官吏，首先告知道长，再通过道长将之上奏天皇这样的定例，也有经过大宰府效劳效力天皇"唐物御览"的仪式，道长也参与分配剩余唐物的例子。

---

❶ 裳着，又称着裳，初次着裳的女子成人仪式。

例如，长和元年（1012）九月，官吏告知道长宋船来航，再由道长上奏三条天皇。在长和二年（1013）二月三条天皇举办的唐物御览上，道长一起观看宋商周文裔过大宰府进献的唐物，参与了剩余唐物的分配。道长分得了锦、绫、绀青以及丁子、麝香、甘松等香料。此时的唐物御览上，除道长之外，皇太后宫彰子、中宫妍子、皇后威子、东宫敦成亲王也获赠唐物。

长和四年（1015）二月，周文裔进献了珍禽❶孔雀和鹅，三条天皇在唐物御览之后，将其赏赐给了道长。道长将之饲养在土御门邸，虽然它们生下了十一颗蛋，但超过百日也未孵化，似乎也有这种辛苦事。

唐物御览在一条天皇的时代也有，宽弘三年（1006）十月，举办了一条天皇观看宋商曾令文的进献物品的仪式。事后，道长还从

---

❶ 原著中作"珍兽"。

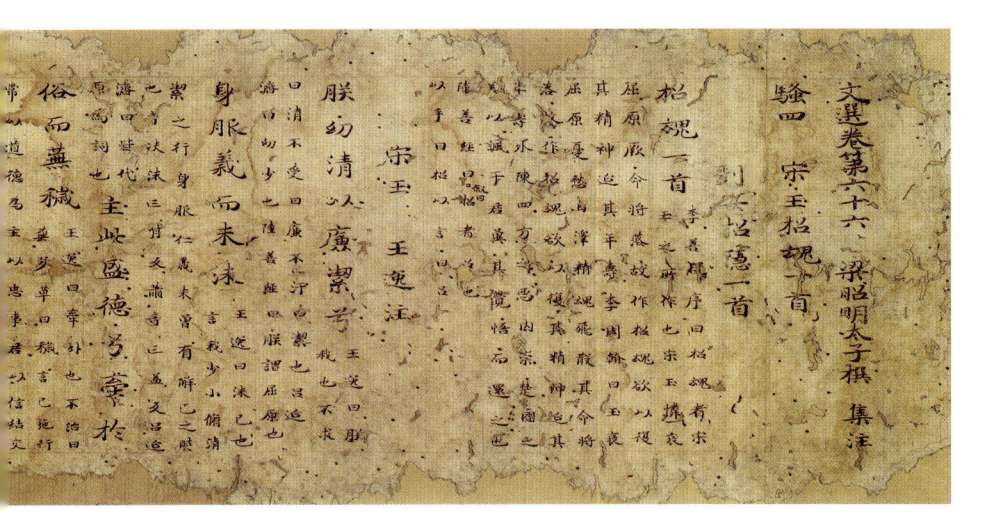

图 3-5 《文选集注》

曾令文那里，得到了苏木和茶碗以及《五臣注文选》（文选的注释书）、《白氏文集》等馈赠。由于曾令文还于长保元年（999）来过日本，因此他此次来日本尚未超过十年，尽管当朝审议了是否将他逐回的问题，但由于正逢宫中唐物因火灾烧毁而不足的时期，故而最终许可曾令文入朝。曾令文感谢这一处理办法，似乎对朝廷、道长也毫不吝啬地进献物品。

道长致力于收集的书籍是《文选》和《白氏文集》，曾令文奉送的《五臣注文选》《白氏文集》也恰好是符合道长爱好的东西。说起道长，通常以能干的政治家的形象为人所知，其实他也完全是一位热心收集书籍、汉诗文造诣很深、常常亲自举办诗文会的知识分子。道长将唐土文物多架藏于土御门邸，对于东亚的文化潮流也是极为敏感的。

宽弘元年（1004）十月，道长从源乘方那里得到《文选集注》（图 3-5）和《元白集》的馈赠，在《御堂关白记》中记下了感激和

95

喜悦。另外，此时经由中宫彰子，将《文选集注》进献给了一条天皇。这是在中宫彰子还未生下皇子之前，通过将舶来的汉籍赠送给一条天皇，欲以维系深深关心学问的天皇之心。

其后的宽弘七年（1010）十一月，道长亦将贵重的宋版印本《文选》和《白氏文集》赠送给了搬迁到新造的一条院的一条天皇。尽管那些是曾令文以前进献的物品，还是通过另外的途径得到的已不清楚，但是印本是在宋朝制作的版本，即所谓的宋版，并非抄本，因此在日本因尚稀少而受到珍视。作为联系道长和一条天皇的贡品，唐物的汉籍有效地发挥了作用。

另外，长和四年（1015）七月，唐僧常智也赠送了《白氏文集》，那也是道长事先希望被赠送的书籍，由此可知，作为道长来说，不仅持有馈赠的舶载书籍，亦曾积极收集书籍。

与入宋僧的交流

据《御堂关白记》记载，道长还于长和二年（1013）九月从入宋僧寂照那里得到《白氏文集》的馈赠。在与宋朝没有正式邦交的时代，充当东亚国际交流旗手角色的，除了往来于日本和宋朝的商人之外，还不能忽略入宋僧的存在。留名《宋史》的入宋僧的代表是奝然和寂照，特别是寂照与道长的关系也较深。

寂照于长保五年（1003）渡宋，当时的真宗皇帝赏赐其圆通大师之号和紫衣。寂照通过宋朝商人，入宋之后也和道长有频繁的书信交往。当时，计划再建天台山大慈寺，寂照协力于此，他为了募集布施还让弟子念救临时归国。寂照通过念救赠送给道长《白氏文集》印本和天台山图等，请求其配合布施。答应这一请求的道长为布施准备了许多物品，记载在《御堂关白记》之中。不久念救于长和五年（1016）七月携带道长的信件和捐献品，以及为请入佛典准备的钱财，回到在宋的寂照身边。

《御堂关白记》中，还散见大宰府的官吏向道长进献唐物的记事，譬如，已当上大宰权帅的藤原隆家自愿赠送唐物香药的例子。其中，藤原实资披露道长攫取了已故大宰第贰（藤原高远）的遗品大琉璃壶的事情，亦可见于《小右记》长和三年（1014）十二月的记载中。

除此之外，《御堂关白记》还记载着在隆重仪式上散见琉璃这种贵重的唐物，如宽弘五年（1008）十二月的"琉璃酒一盏、同瓶子"（敦成亲王百日仪式）、长和元年（1012）五月的"琉璃壶"（法华八讲时，彰子所捧之物）、长和四年（1015）四月的"琉璃壶、杯"（祯子着袴仪式的酒器）等。道长荣华奢侈的生活，是通过大宰府和宋朝发生关联而带来的，道长作为为政者的权力也好，文化上的权势也好，其质和量都是被充实的舶来品支撑着的。

实资❶留下的记录

可是，有人对道长及其子赖通收集唐物之事持批判态度，那就是上文提及的书写《小右记》的藤原实资。实资是藤原北家正支摄政大臣实赖之孙，过继到了实赖的养子小野宫家，因此门第在道长父子之上，甚为自负。实资后来当上右大臣，被称为贤人右府，即使对有职故实❷的见识，也是令人佩服的人物。

实资在《小右记》中，对于道长的家司❸、后来当上大宰第弐的藤原惟宪，反复责难了其眼神过于贪婪的样子。惟宪于长元元年（1028）六月，把来自宋朝的舶载文殊像进献给道长之子关白赖通的事情，由此可见毕竟还是和道长一族的关系牢固。同时，同年十月，惟宪冒藏人所之名，从宋商那里没收唐物之事也明确了。

---

❶ 藤原实资，平安时代的公卿，其日记《小右记》留存至今。藤原北家的一支小野宫流的藤原齐敏的四男，后成为祖父实赖的养子继承了小野宫流，亦称小野宫实资。

❷ 有职故实，亦作有识故实，意为做事必问遗训，是关于日本历代朝廷、武家的礼仪、典故、职官、法令等的古来规定。有职故实的研究者叫作有识者。

❸ 家司，在平安时代中期以后，管理亲王、内亲王、摄关家、大臣、三位以上家里庶务的职员。

在那五日后的记事中,暴露出了没有向京里报告宋商周良史于八月来航之事。本来在宋商来航的时候,就应该立即向朝廷报告,再由朝廷派遣唐物使,或者将购买物品的目录送到大宰府以行使先买权。然而,惟宪不愿如此,为了随心所欲地支配唐物而未作报告。

并且,对于长元二年(1029)七月惟宪结束第贰任期、携带很多珍宝归京的举动,实资认为其是搜刮九国二岛的财物、唐物等的行为,简直是抢夺一般恬不知耻的行为,甚至进一步讽刺了当时以有钱的人物为贤者的风气。

不过,实资自身也迷恋唐物,如此非难除了反映出天下政情的公愤,好像也混杂了对于大量唐物只从惟宪流向关白赖通的私怨。虽然惟宪在到任当初也曾向实资示好,于万寿二年(1025)十月向实资赠送了唐物的绢、槟榔之类。

实资从永祚元年(989)开始,就拥有博多附近养马的叫作高田牧的庄园,以那里为起点,将很多的唐物搬运到了位于京城的自家宅邸。也有观点认为,对于实资来说,是惟宪干涉了他的可与道长对抗获得唐物的据点高田牧,这似乎与《小右记》中所记对惟宪的再三诽谤联系上了。也就是说,诽谤并非公愤,而是出于私怨。

总之,《小右记》中详细的记事中,如实地表现出了他对许多的唐物是如何地执着。长和二年(1013)七月初,宋船来航博多,由于曾经的高田牧牧司藤原藏规当上了大宰大监,实资也受存了唐物的礼物,有雄黄、甘松香、郁金、金青、紫草一类的物品。长和三年（1014）六月，他让藤原藏规、宗像大宫司妙忠等从中介绍，还从旅居博多周边的宋朝医师惠清那里购买了小儿用药、眼药等。

更为有趣的是，《小右记》中详细记述了同是长和三年二月，唐物在宫中发生火灾之时被盗，不久判明是藏人所有关人员监守自盗的经过。这则记录与前文所述、揭露道长没收已故大宰大弐藤原高远的遗品大琉璃壶的事情一同，反映出实资对唐物的关心。

而且，实资身边，除了宋船来航时之外，还有来自高田牧常例的香料（沉香、衣香、丁子等）、唐绫等礼物。那些唐物，有可能是牧司宗像妙忠从博多的商人那里购买的。虽然也有过宋船曾定期直接来航高田牧进行走私贸易的说法，但最近的历史学研究成果倒是否定了这一说法。

另外，还有万寿四年（1027）十二月肥前守惟宗贵重进献唐物，如同长元二年（1029）三月那样，通过牧司妙忠居中介绍，宋人周文裔奉送了麝香、丁香、沉香之类的事情。

若比较实资和道长对唐物的爱好，则与道长重视舶来的书籍相对，未见与实资相关的此类记事。实资贪恋的只是香药之类，即使赠送给人也多是就照原样的形式，与道长将香料加工成薰香再赠送他人的理想状态形成鲜明对比。这是由于他们拥有的香料种类、分量的差异，还是因为二人价值观或者文化能力的差异呢？总之，实资执着于唐物的香料，服用从宋朝舶来的药品，注重健康养生，一直活到了九十岁，这在当时是罕见的高寿。

《源氏物语》的时代

以下，就一条朝的唐物，以《枕草子》中描写的道隆和定子父女、道长、实资等人的风采为中心追溯，再次观察摄关家❶与唐物关系的深度。

在仁明朝最终遣唐使的时代，主要是以书籍为中心的文物输入，舶载品被朝廷接受后，再分配给贵族。在贸易中，也是国家建立管理体制、拥有管制权力。与此相对，一条朝的情形迥然不同。海商们想要获得贸易的利益，蜂拥而至，通过摄关家庇护的大宰府的官吏进行唐物贸易。其结果是，在朝廷未能全部管理之处，产生了许多唐物被摄关家吸纳的渠道。藤原道隆和定子、藤原道长和彰子一族，也正是在这种状况下享有唐物的财富。

那么，在代表一条朝文学的《源氏物语》的世界中又当如何呢？《源氏物语》中唐物应有的状态，确实也没有明确的与摄关家相关的记载。虽说如此，但《源氏物语》的世界更为复杂且具多元性。

---

❶ 摄关（摄政和关白）家，指担任摄关的世家，简称摄家。日本古代、中世时期只限于藤原一族中的北家，特别是初代摄政良房（804—872）的子孙，镰仓初期分为近卫、九条、二条、一条、鹰司等五摄家。

首先，从梅枝卷来看。该卷开始于为了准备明石公主裳着，39岁的光源氏检视大宰府大弐进献的香料、绫、罗之类的场面。为了缝制女儿的裳着，而准备好香料、器具等。

大宰大弐进献唐物给当时的掌权者太政大臣光源氏，不得不使人想起摄关家那样的显贵和大宰府官吏的关联之深。不过，光源氏对大弐进献的物品不够满意，要来了二条院库房中的唐物。那些物品，即"故（桐壶）院时代之初高丽人所进献的绫罗诸物"❶（故桐壶院治世之初，高丽人进献的绫、绯金锦类等）。

这里所说的高丽人，是指桐壶卷中的、看到7岁的光源氏的相貌、说了不可思议的预言的高丽相面者（图3-6）。说起高丽人，就会让人联想到位于朝鲜半岛的高丽国，然而事实上是指昔日渤海国使节的一员。桐壶卷中记载，相面者看出了光源氏的非凡才智，馈赠了绝佳的舶来品，被储存在了二条院的库房中。渤海国使的最后来日，是在醍醐朝的延喜十九年（919），因此，来自高丽人的进献物品可以确定为是距离一条朝相当久远的舶载品。

总之，该场景令人深刻印象的是，由于光源氏拥有与古代渤海国使交流所得的舶载品，以及其后称作大宰府贸易的在《宇津保物语》中亦看到的来自两条路线的唐物，物质上处于优越地位。

---

❶ 原著中引文为："故院の御世のはじめつ方，高麗人の奉れりける綾、緋金錦どもなど"。该句引文的译文取自林文月译《源氏物语》（二）第三十二帖，梅枝，译林出版社，2011年，第303页。

图 3-6　与高丽相面者相对而坐的光源氏

　　并且，光源氏所说的，"锦、绫之类，亦古物细腻令人怀念"❶（锦、绫之类，也还是往昔的物品有魅力且质量好），也被关注。判断来自高丽人的礼物比大宰大弐进献的物品更为出色，认为已往唐物的品质更可靠，可以说是一种尚古的嗜好。

　　关于唐物，特别是唐的织物，即使之后的时代也常持此认识。

---

❶　原著中引文为："錦、綾なども、なほ古きものこそなつかしうこまやかにはありけれ"。该句林文月译作："连锦缎等物，也还是旧日的东西令人怀念。无论品质、色泽，都更为优雅可观呢。"（林文月译：《源氏物语》（二）第三十二帖，梅枝，第303页）关于原著中的引文，译者力图尽量遵从日文原文及其所用汉字。

大宰府的官吏从来航博多的海商那里购买的唐物，和渤海国使进献的、说起来是作为外交的手段为了赠送而准备的舶载品相比较，或许后者在质量上更加优越。

并且，在该场景中，光源氏不仅只占有唐物，也慷慨赠送给他人，还通过回收其加工品，来谋求与人们的交流。从大宰大弍那里得到的绫、罗之类的衣料，成了给侍奉的女官们的赠予品，大弍的香和二条院仓库中的早先年从外国传来的香料，分配给了以朝颜公主为首的、住在六条院的紫之上、花散里、明石君。他们分别制作薰香，再回收到光源氏身边，成为光源氏与人们进行风雅交流的工具。

光源氏最大限度地发挥了唐物作为维系人与人关系的赠与财的唐物功效，也可以说是谋求着人际网络的再构筑。

皆川雅树氏将光源氏这种做法比作天皇的唐物御览和分配，该说法颇有意思。虽然接受大宰大弍唐物进献的光源氏的确是摄关家的，然而他检视和赠予唐物的行为，较之臣下是更接近于天皇的行为。亦即是说，唐物的所有状况被认为也反映出了被天皇和摄关家二重化的时代。

源氏的公主贵妇❶们与和汉结构

接下来，我们来看看《源氏物语》中的公主贵妇们和唐物的关系。有趣的是，华丽地丰富了其中故事的女性们，有偏好唐物的和不喜好唐物的，单独来说可分为唐物派和非唐物派。唐物派的代表是末摘花、明石君、女三宫，非唐物派的代表则是紫之上。

首先从末摘花简单看起，时隔许久在雪天来到末摘花邸的光源氏，张大眼睛观察周围（末摘花卷）。于是，最初映入他眼帘的，是着黑褐色衣服看似寒碜的女官使用舶来食器吃着微薄食物的身影。侍奉的女官退下来吃着末摘花进餐后的残羹冷炙，然而仅餐具，光源氏从远处看得见的，使用的也是"秘色样的唐土之物"。这正是前章提到的、经由大宰府唐物交易带来的人气商品越州窑青瓷的精品。

并且，翌日早晨，光源氏看到雪光中的末摘花的姿容，不胜惊愕。长脸苍白、让人想起普贤菩萨坐骑象（绘画）那样的长鼻子、耷拉着的脸、瘦得可怜的体格，故事中如此描述末摘花的丑貌。然后，光源氏的目光，转向末摘花古怪的装束。末摘花穿着的是"黑

---

❶ 原著中为"女君"，可译作"贵妇"或"公主"，文中两者兼有，故分别译为"公主""贵妇""公主贵妇"。

图 3-7 黑貂皮衣

貂皮衣",是从渤海国带来的贵重的舶来品毛皮。不过,虽是雪天防寒用,但小公主穿的实在不相称,使得光源氏大吃一惊(图 3-7)。

秘色瓷也好,黑貂毛皮也好,原来是末摘花之父,已故常陆宫带来的,当是常陆宫家的财富和权威的象征。然而,衰落至今,这样的物品反而只是显露出末摘花的穷困和老派。

另一方面,尽管同样是唐物派公主,与末摘花形成鲜明对比的是明石君。明石君虽然出身门第不高,然而与光源氏生下了明石公主,其聪明举止令人印象深刻。

在六条院新年伊始的初音卷,赠送给妻女们的服装究竟合适与否,为了确认其演出效果,光源氏访问了每个人的居所,最后前往

图 3-8　东京锦的茵褥

的是住在冬之町的明石君的居所。在那里，明石君将"唐东京锦缘的茵褥"❶"琴""侍从（香）""衣被香"等使用了唐物的物品或唐风的物品作为精巧的小道具使用，使得光源氏沉醉入迷（图 3-8）。

特别是唐的东京锦，是亦见于《新猿乐记》的极好的唐锦，以此用于缘部，确实是豪华的茵褥。能拥有高等级的"东京锦"茵褥，当是因其父明石入道的财力。而且，不经意间在新春的房间里加上古琴，也应当看作是迷住光源氏的明石君的才智。

---

❶ 原著中引文为："唐の東京錦のことことしき端さしたる褥"，"褥"，或作"茵"，意即"边缘镶着唐东京（洛阳）锦的茵褥"。该句林文月译作："唐土舶来的织锦缎上镶着豪华边饰制成的茵褥。"（林文月译：《源氏物语》（二）第二十三帖，初音，第170页）

第三章　王朝文学中所描写的唐物嗜尚

虽说如此，偏好唐物的公主贵妇之中，若说用最高级的舶来品装饰的人物，还是当上年老的光源氏正妻的女三宫。女三宫养着唐猫，因为此猫跑出去，而在柏木篱笆间被看见、成为私通开端的蹴鞠场面也太有名了。不过，若说到女三宫和唐物的关系，话题不限于唐猫。

在女三宫结婚前的裳着仪式上，按照其父朱雀院之意，国产绫、锦一概排除，只用舶来的唐物绫锦，充满了最高等级的器具，即便是中国皇后的穿戴也不过如此。

平安时代的器具中，本来有唐风器具和和风器具，而在《源氏物语》的时代，正相当于从唐风器具向和风器具过渡的转换期。不过，在最官方的庄重仪式之时，还是重视唐风器具。即使在平安时代的宫中，天皇在官方正式仪式上用的器具还是唐风的物品，与非正式场合使用和风器具相区别。

关于平安时代，

　　公（汉）——汉诗、汉字（真名❶）、唐绘❷
　　私（和）——和歌、假名、大和绘

---

❶ 日文"真名"，译作"汉字"。原著中有此括弧内注释，故不再翻译。
❷ "唐绘"，即中国画。"大和绘"，即日本画，描绘日本事物的绘画，与"唐绘"相区别，至镰仓时代的用语；平安时代，大和绘是指唐朝绘画样式日本化之后的富于日本情趣的世俗画以及传统绘画的总称，与镰仓时代以后称宋元系绘画特别是水墨画为唐绘、汉画相对。此处，唐代的中国画称为"唐绘"，与平安时代的"大和绘"相对，故而不再翻译。

这样提倡在公私环境和汉文化分别使用唐物的记载较多，唐风的器具应该还是属于公（汉）的领域的。

充分使用唐物器具的，是朱雀院的关怀——在年幼的女三宫即将成为光源氏之妻的时候，使用绝佳的日用品以增加其魅力。这是想用唐物的品牌，来赋予女三宫公（汉）权威性的行为。

以上，虽然只是考察了三位唐物派的女性，然而依然可以看出，《源氏物语》中的唐物，也作为描述女性的境遇、性格等的条目而巧妙地起着作用。

薰香是和还是汉

对于兄长朱雀院对女三宫的关怀，光源氏在女儿明石公主袭着之际又是如何准备物品及器具之类的呢？尽管依然是选择使用唐物，然而似乎并未突出公（汉）的权威。回到梅枝卷中，来对亦可称作光源氏六条院流的做法稍作认真观察。

前面考察了光源氏给周围女性分配香料的场面，其后，制作成薰香的物品得到了如何的评价呢？来自朝颜的前斋院的是黑方香和梅花香，紫之上的是黑方香、梅花香和侍从香，花散里的是荷叶香，明石君送来了薰衣香。光源氏也调合了黑方香和侍从香，偶然来到的光源氏的异母弟、萤兵部卿宫成了裁判（图 3-9）。

图 3-9　梅枝卷薰香合

调合薰香之后,萤兵部卿宫最后所下的判定是,朝颜前斋院的黑方、光源氏的侍从、紫之上的梅花绝佳,分别给三人增添了不少光彩。其时,评价紫之上的梅花时髦华贵,黑方则"煦煦静心之芬芳"(娴静稳重的芳香)、侍从"优艳眷恋之芳香"(非常优美柔和的香气),也评价花散里的荷叶"哀怜而思念"(深切,有诱惑人的魅力),明石君的薰衣香则是"集世所无双之艳丽,别出心裁"❶(集世上无双之优美而成,别出心裁)。也就是说,萤宫对薰香的评价,与其说是暴露出了唐物加工品触目惊心的奢侈、华丽,不如说应当是"和"的审美意识得到了好评,这一点值得注意。

---

❶ 原著中引文为:"世に似ずなまめかしさをとり集めたる、心おきてすぐれたり。"该句林文月译作:"别出心裁,为世所罕闻的香艳气味。"(《源氏物语》(二),第三十二帖,梅枝,第306页)

《宇津保物语》和《源氏物语》的芬芳

　　本来，薰香的制法是从中国带来的。如前所述，在7世纪的唐代，流行称作炼香的调制香料，这成为日本薰香的鼻祖。特别是焚香薰衣服的"薰衣香"，被认为是从唐直接输入的古老炼香发展而来的薰香。前章中提及的平安末期的香料书籍《薰集类抄》中，也显示有附带唐朝地名的"洛阳薰衣香""会昌薰衣香"这样的调合法以及邠王家、长宁公主、丹阳公主、姚家、唐僧长秀等舶来的合香秘方。

　　这种"作为唐舶来的薰香"的生动世界，就如前章所见的《宇津保物语》所描述的。《宇津保物语》中出现的香料、薰香，是豪华的赠答用品，是从唐朝直接输入的还是用同样的调合法制作的薰香，或者是用做过遣唐使的祖父俊荫带回来的香料调合的。用特殊的调剂，然而大概没有出现实际焚烧的例子。与此相对，《源氏物语》中，并非就照原样使用唐物的香料、薰香，而是首先按照独特的调剂作加工，由此抽出"怀念"这种"和"的审美意识，体现了更加融合了和汉感觉的理想状态。

　　如前章所述，《薰集类抄》中还记载了以仁明天皇为首，其第七皇子八条宫本康亲王、被称作闲院左大臣的藤原冬嗣等日本合香名手的处方。从那些处方开始，舶来的合香融入和的文化完成转化，陆续出现了按照四季分别使用的黑方、梅花、荷叶、侍从、菊花、落叶六种薰香。以后，许多人想要表现王朝的和之审美意识而举办薰香调合竞赛，《源氏物语》正是继承了那个世界。梅枝卷中，光源氏仿"承和御戒二方"（仁明天皇设计的两个配方），紫之上效"八条式部卿的御方"（本康亲王的配方），指出薰香调合法的渊源来历，以提升其品牌。

舶来的纸质范本

在摄入"唐（汉）"素材的同时，呈现了和汉更加融合的文化再创造的情况，除了薰香之外，从梅枝卷中光源氏为明石公主制作入内用书法字帖的场景亦可看出。光源氏虽把书法字帖的事情委托给周围的人，不过他自己也闭居在寝殿中用唐物纸张来整理漂亮的日用字帖。其字帖，连在一旁看着的弟弟萤宫也不禁感动流泪。

光源氏的字帖，所用唐纸的格调是最高的，其上写着草书（一说为草假名）。也可以认为，在字帖之中，该部分当肩负着"唐（汉）"的审美意识。

与此相比，色调朴素的高丽纸则纹理细腻，更为女性化，被认为与平假名更为协调。而且，在纸屋院（朝廷的纸作坊）制作的日本国产的华美的、较薄的彩色纸，被认为适合用草假名奔放地分散开来写和歌。在质地厚格调高的"唐土"之纸、较薄而色彩华丽的"和"的纸屋纸的中间，是质地柔软、色调朴素的"高丽"纸。

在梅枝卷中的书册样式上，从唐、高丽、和的纸张和书体的配合之中，可以感到光源氏在将和汉融合、按照新的美学制作日用字帖上花费的心思。若用前面出现的公（汉）—私（和）的图式来说，也可以说这是描写了在和与汉的风尚之间，光源氏融通无碍地试验新的文化事业。同时，由此也可以感觉到爱好将加工后的唐物赠送他人的藤原道长的形象。

向往"光源氏"的人们

以上讲述了梅枝卷中的光源氏懂得和汉文化并将之融合的情况，这样的光源氏形象，是被后世的统治者们如何继承的呢？

据专长室町朝历史的桥本雄氏研究，从通史的角度来说，统治者的高级器具不全是唐物，也并非都是和物，而像是唐物与和物的绝妙组合。不拘和汉，作为新文化之统辖者、总览者的统治者的志向，就像平清盛、足利义满等从当时就仿照"光源氏"那样，与《源氏物语》的世界相共鸣（《中华幻想》）。确实，清盛所作《平家纳经》、义满所作《北山府第之室礼》❶等，正是将唐物与和物融合的产物，在这一点上，他们是光源氏的继承者。

特别是足利义满，作为后小松天皇的准父而活动，也带有超过院的权威，度过了宛如光源氏的真实一生。义满自己亦模仿举办光源氏赛画，建造使人想到六条院的北山府第。而且，于后小松天皇行幸北山殿行之时，举行红叶贺卷❷的仪式，再表演壮丽的青海波❸之舞等，强烈地以《源氏物语》为意识，屡次尝试再现其华丽的世界。

在北山殿行幸的室礼，在集会场所天镜阁，将在原产地中国也很少有的珍品唐物琳琅满目地陈列展示着，另一方面，寝殿、常御所❹等用和物装饰，的确在模仿六条院的北山府第内部做出了和与汉的两个空间，突出了作为总括其存在的足利将军在文化上的优越性。光源氏正是将和汉自在融合并运用自如的"文化的霸者"的楷模人物，可以说后世的统治者是以成为光源氏为目标的。

平清盛、足利义满这些武士统治者的荣华形象中，不难想象也有光源氏的影响。想成为光源氏的清盛、义满等男性与唐物的故事，将在下一章详细展开。

---

❶ 室礼，平安时代在盛大仪式之日，完成正堂、厢房的器具，装饰室内之事。或作"铺设""补理"。

❷ 红叶贺卷，《源氏物语》之卷名。红叶贺，远眺红叶之庆贺宴会。

❸ 青海波，雅乐之一，其曲属于唐乐盘涉调，用于管弦乐或舞乐。或即中国青海地方民乐。

❹ 常御所，宫殿式建筑中主人日常居住的房间或房屋，初在寝殿内，后成独立建筑物。原指皇宫内天皇平素起居的房屋，至室町时代是清凉殿内的一室，到了近世作为常御殿独立。亦称常居所、褰御所。

第四章

武士时代的唐物

——福原、平泉、镰仓

青瓷香炉

平清盛的抬头

本章首先来看看平安末期唐物的情况。若说到平安末期,让人想起来的依然是日宋贸易和平家的繁荣。在此,请平清盛作为关键人物出场吧。清盛与日宋贸易有着怎样深厚的关联呢?解明唐物关系的关键,当在他及其父平忠盛的做官经历之中。

最初的平家一族,在其父忠盛的时代,作为院之庄园肥前国神埼庄(现在的佐贺县)的预所❶(管理者)进行日宋贸易,同时,作为鸟羽院的近臣而被赏识。据《长秋记》长承二年(1133)八月的记载,宋商人周新来航,与大宰府的官吏进行了贸易,然而被忠盛从旁干涉。由于宋船来航的是神埼庄,所以忠盛写了大宰府官吏不得参与的下文❷,伪称其是鸟羽院的院宣❸。另外,神埼庄是面临有明海❹的大庄园。

忠盛插手日宋贸易,是因为鸟羽院是热衷于收藏以唐物为首的

---

❶ 预所,庄园代领主管理庄地、庄官、庄民、年贡等庄务的职务。
❷ 下文,上级给其管辖下的衙门、人民等所下公文。
❸ 院宣,太上皇发出的诏书。
❹ 有明海,九州北西部的海,福冈、佐贺、长崎、熊本等四县围绕成的九州最大的海湾。又称筑紫泻、筑紫海。

宝物的收藏家，故而进献唐物以博取其欢心。忠盛的主张被接受，平家以鸟羽院的威势为后盾与大宰府对抗，积极地参与了日宋贸易。

另一方面，其子清盛历任海运、贸易相关的重要职位，与日宋贸易关系极深。清盛继肥后守之后，当上濑户内海要地安艺国（现在的广岛县）的国守，这意味着得到了濑户内海的制海权，与其后对严岛神社的支援有关系。

父亲忠盛死后，清盛成为氏族的长者，因保元之乱的胜利而当上播磨守，进而当上大宰大弐，由此位处日宋贸易的中心。当时，大宰大弐不到当地上任已成为惯例，只是享受贸易的优先权。白河院千体新阿弥陀堂的兴建，也是清盛以大宰大弐的财力而承办的。不久清盛经过参议❶，内大臣然后是太政大臣，成为权力的中枢。

清盛和《源氏物语》的明石一族

以清盛为首的平家一族的荣华，高桥昌明氏将之比作《源氏物语》中的一族，然而又当是谁呢？答案是明石一族。出家的清盛与明石入道重叠，当上国母的中宫德子成为兼带明石君和明石女御（中

---

❶ 参议，奈良时代设置的令外官，置于太政官，是次于大中纳言的要职，从四位以上之人中任命，公卿之一。相当于唐之宰相。

宫）两者的角色。清盛和明石入道，在播磨守这个职位上的做官经历也是共同的。

明石入道是大臣之子、近卫中将，由于升迁道路落空，在中央的仕途断了念头，故而自己志愿当播磨守。此后，虽然他发财了，但卸任后也不返回京师，让爱女明石君和光源氏结婚，以其财力为后援。

如前章所见，明石君能拥有东京锦茵褥（初音卷）那样特殊的唐物，也是基于有效地利用了明石作为博多和京师中转地在地理上的优势，以及入道收集了最高级的唐物这样的假设。明石入道的财富基础，有担任播磨守以及在此期间得到的舶载品，这与清盛是相同的。

另一方面，其后的清盛走向从参议到内大臣进而担任太政大臣的做官经历，与《源氏物语》中的光源氏重叠。高桥氏亦指出，清盛自身倒是可能模仿光源氏，列举了被作为白河院私生子的清盛经历了太政大臣之类的共同点。

确实，平家一族以《源氏物语》为参照，尽管是武士门第，却欲通过摄入源氏文化来成为超过摄关家、院的文化上的霸者。中宫德子的沙龙上有二十卷的《源氏物语绘卷》、后白河法皇五十大庆上平重盛之子维盛舞青海波而被作为光源氏再生等，其佐证不胜枚举。弃近卫中将之职去做播磨守的明石入道在京师东山再起的梦想虽然未能实现，然而清盛实现了他的未竟之梦，以自己的做官经历为桥梁展现出明石入道和光源氏的人生。

明石入道不过是有效地利用了财富和地利，远远地超出了到处搜购舶载品的假设，而清盛则积极地开展了日宋贸易。以下，进一步揭示其贸易的正式情况。

福原的日宋贸易

清盛于应保二年（1162）得到位于福原的摄津八部庄，着手大轮田泊❶的整修。嘉应二年（1170）九月，宋人到访福原，后白河法皇在清盛的劝告之下，为了让宋人晋谒而离京来到福原。这是破坏宇多天皇《宽平御遗戒》（让位之际留给新帝醍醐天皇的训戒）中禁忌天皇与外国人直接会面的规戒的行为。九条兼实非常吃惊，在《玉叶》中非难此乃"为我朝延喜以来未曾有之事，天魔之所为乎"。

此处的"延喜以来"，说的虽是醍醐朝延喜年间开始的与外国断绝正式国交的历史，然而其背景中有着避开由于唐的灭亡造成的东亚世界的混乱波及日本的意思。而且对于外国人，还产生了以之为不洁对象而忌讳的观念，《宽平御遗戒》作为其根据一直被遵守。总之，虽说已经禅位，然而后白河法皇与宋人的见面，确实是违反《宽平御遗戒》之后国家立场的行为。

接着在承安二年（1172）九月，宋朝皇帝给后白河法皇和清盛

---

❶ 大轮田泊，古代到中世的日本位于摄津和田岬北侧的港口，现在神户港的前身。

图 4-1　宋船模型

送来了供物。然而，由于给后白河法皇的礼品清单中写着"赐日本国王"，在公卿之间发生议论。对日本国王（后白河法皇）用"赐"是失礼的，在公卿之间认为应该退还供物、不需要回信（复信）的意见占多数。但是，清盛于翌年三月，回信称供物是美丽的，并送去回礼铠甲和刀，后白河法皇则送了砂金百两。

以此为契机，日宋贸易开始扩大，最后变成宋船（图4-1）直接进入濑户内海，在大轮田泊直接进行贸易。较之自古代就在大宰府派出机构博多鸿胪馆及其周边进行贸易、禁止外国船进入濑户内海的惯例，是前所未闻的事情。这意味着大宰府的官吏失去特权、平家直接管理日宋贸易之时代的到来。治承四年（1180）的福原迁都，若没有这一贸易的专利权，当是不可能的。此时，清盛已经得到并搭乘数艘被称作"唐船"❶的宋朝大船，即将迁都福原之前，使用这些船实现了高仓上皇和安德天皇的严岛行幸。

"杨州❷之金，荆州之珠……"

就这样，通过扩大日宋贸易的收益，与来自庄园、知行国❸的收入一起，成为平家一族的巨大财源，《平家物语》卷一可为其证。

---

❶ 唐船，指中国船。本书中从此处的"唐船"开始，基本与唐朝之"唐"无关。如同汉人、唐人之类，都是泛指中国人。

❷ 扬州之名，文献中亦有作"扬州"者，《禹贡》《平家物语》中作"扬"，因原著中作"杨"，故译文如是。另外，《尚书·禹贡》中的"扬州"，为禹划九州之一，虽也包括广陵地区（今扬州），但其地望大约包括今江苏、安徽、江西、浙江、福建和广东的一部分；西汉、魏、吴、两晋和南朝时期的扬州也都是较大的行政区，治所在寿春或金陵，均不在广陵，故《尚书·禹贡》中的"扬州"不能与隋唐之后的扬州混为一谈。

❸ 知行国，在古代、中世的日本，有权势的贵族、寺社、武士获得特定国的知行权（亦称国务权、吏务）得到收益的制度及其国。始于平安中期的分国制，天皇将某国的直接支配权交给上皇及女院，接着又授予公卿，作为一种恩典。后来成为对律令制下俸禄制的打破，也可看作是国司制度的一种变形。随着庄园的扩大和武士的侵占，知行国制度在室町末期衰亡。

> 日本秋津岛，才六十六个国，平家知行之国，卅余个国，既逾半国。(中略) 杨州之黄金、荆州之珠、吴郡之绫、蜀江之锦、七珍万宝，无一或缺。歌堂舞阁之基，鱼龙爵马之玩，帝阙仙洞不外如是。❶
>
> （日本，仅六十六国，其中平家一门知行的就有三十余国，已超过半国。〔中略〕杨州的黄金、荆州的珠、吴郡的绫、蜀江的锦、七珍万宝无缺其一。演奏歌舞的乐堂，于此举办的各种技艺，宫廷也好上皇所也好，都敌不过其繁华兴旺。）

该条的前半，平氏的知行国多达全国的一半，夸耀了强大的势力，后半以杨州之金为首，显示出日宋贸易带给了平氏巨大的财富。此处的"帝阙"指朝廷，"仙洞"指上皇，推测平家蓄积的被称作"七珍万宝"的舶载品，当超过了朝廷、上皇等。

---

❶ 本段译文尽量尊重原著中所引《平家物语》之文，该段又可译为："日本又称秋津岛，仅六十六国，而平家的知行国达三十余国，逾国土之半，而庄园田地更是难知其数。绮罗满堂，繁花似锦；车骑群集，门前若市。扬州之金、荆州之珠、吴郡之绫、蜀江之锦，七珍万宝，咸集毕呈，无一或缺。纵令帝阙仙府，恐亦不外如是。"

"歌堂舞阁之基，鱼龙爵马之玩"句，出自《文选》鲍照之《芜城赋》（若夫藻扃黼帐，歌堂舞阁之基；璇渊碧树，弋林钓渚之馆；吴蔡齐秦之声，鱼龙爵马之玩）。

可是，"杨州之黄金、荆州之珠、吴郡之绫、蜀江之锦"，是分别见于《书经》《唐书》等古籍的、用华丽辞藻润饰的表现。杨州位于江南地区，因隋炀帝爱之兴建离宫并为巡幸开凿运河，遂成为海上交通要地。唐代的杨州成为国际港口，贸易繁荣。至于"杨州之金"，早在五经之一的《书经》"禹贡"中就记载其为金的产地。

荆州在湖北地区，作为《三国志》的舞台而著名，同样在《书经》"禹贡"中记为珠之产地。吴郡在江苏地区，《唐书》韦坚传中有其为绫之产地的记载。蜀江在四川省，是锦的著名产地。"蜀江之锦"从三国六朝时期至唐、宋、元、明一直生产，于奈良时代传入日本。

亦即是说，所谓"杨州之黄金、荆州之珠、吴郡之绫、蜀江之锦"，是历史上有根据的舶来品之目录，然而与其认为这是说平氏实际上得到了这些物品，不如说这或只是认识到平家一族是如何通过日宋贸易而蓄积诸多至高无上的唐物为财富的表述方式。

当时，日宋贸易交易的物品，进口商品是锦、绫之类的纺织品、陶瓷器（图4-2）、文房用具、书籍、香料、染料、高丽人参、红花等。平氏得到的这些唐物，或成为如安元三年（1177）三月千僧供养之际赠送给参加福原法会的僧侣们的赠品，珍品或进献给法皇、天皇。早在仁安三年（1168），就有在高仓天皇即位大尝祭法会唐锦不足之时，要求清盛及其女儿盛子帮助的轶事。就是说，由于平氏对日宋贸易的独占，即使皇族也不得不依靠平家一族来取得必要的唐物。

图 4-2　祇园遗迹出土玳玻天目碗，日宋贸易的出土品

此外，输入品之中当大书特书的是，当时输入大量宋钱（图4-3），以之作为货币流通，维持了社会经济的运输。可是，清盛推进的宋钱流通，也招致了京师旧贵族的抗拒。治承三年（1179）六月，流行病蔓延之际，或又当物价高涨，被认为这是因为宋钱流通而引起的"钱病"，遭到了非难（《百练抄》）。

清盛面对如此的物价腾贵，采用引进新的制度物价统制法沽价法，以图应对。但是九条兼实却批判道，宋钱非本朝发行货币故与私铸钱（赝金）相同，主张禁止宋钱流通（《玉叶》治承三年七月条）。

图 4-3　（上）钱币❶（下）钱货图

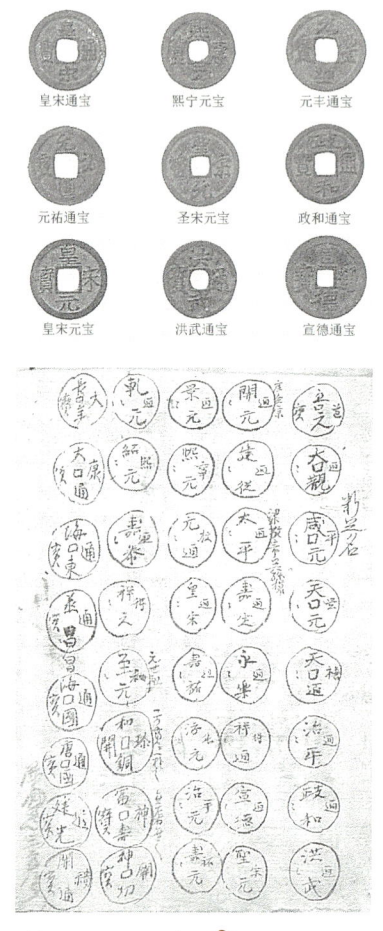

---

❶ 原著中为"宋钱"。图中的洪武通宝、宣德通宝等为明代铜钱，而非宋钱，故译文改此图名为"钱币"。

《平家纳经》和《太平御览》

关于平家一族与唐物的关系,将视野扩大到《平家物语》以外再来看看。若说到平氏荣华富贵的象征,谁都会想到的当是供奉在严岛神社的国宝《平家纳经》。长宽二年(1164)九月,清盛就任内大臣的两年前,为了感谢一族的显达、祈祷来世的冥福,在严岛神社供奉了装饰经❶。内容是《法华经》二十八卷,《无量义经》《观普贤经》《般若心经》《阿弥陀经》各一卷,加上清盛的《愿文》共计三十三卷。

上述经文均为五彩用纸上撒❷金银砂或切碎的金银箔,环衬上描绘有优美的大和绘或唐绘,轴首使用了水晶、干漆❸之类。这些达到当时工艺技术顶点的华丽的装饰经,其表纸或环衬绘画上所使用的颜料,全是舶载品。《法华经》中的《菩提品》题签,据说也是用舶载品的琉璃做成的。确实,被称作王朝文化精华的《平家纳经》的

---
❶ 装饰经,用纸上装饰美丽的佛教经典。在紫、绀等染色纸上用金银泥或在金银泥等描绘底纹或撒金银箔纸上的写经。
❷ 原著中为"ちりばめられ"("鏤める""镶嵌"),或当为"散り填める"。
❸ 干漆,即夹纻。

华丽之美，也是凭靠唐物支撑着的。

关于平氏的唐物，更加著名的奇闻，是围绕舶载《太平御览》的话题。《太平御览》是宋太宗命李昉等编纂，完成于983年的中国一大类书，可以说是大百科词典。该书多达千卷，涉及天、地、皇族、州郡、封建、职官、礼、乐、道、释乃至四夷、疾病、妖异、动植物，列举有五十五部、近❶五千类，宋朝长时间禁止将其带到国外。

可是，治承三年（1179），来航的宋船带来了《太平御览》宋版印本（图4-4）三百册，因此清盛立即将之购入。制作抄本之后，欲将原本进献宫中。恰好同年岁末十二月十六日，两岁的东宫（翌年即位的安德天皇）出行到清盛的西八条府第，遂把其中的三帖❷漂亮地包裹起来进献给天皇。包裹布用的是浮线绫，背面苏枋晕染，很可能也是唐物。外表还点缀上玉、银枝，可谓是尽善尽美之物。

治承三年这一年，对于清盛而言是动荡的一年。六月宋钱引起的"钱病"骚动，八月在清盛和后白河院之间起着桥梁作用的长男重盛死去。那之前是关白藤原基实后妻的女儿盛子死去，平家管理的摄关家领被后白河院没收。与后白河院在各方面屡次发生冲突的清盛，终于在十一月蜂起，幽闭后白河院于鸟羽离宫，院政被停止。亦即是说，在平氏政权刚刚成立之后，该《太平御览》被作为进献的书籍。

---

❶ 原著中为"五十五部门、五千项目"。《太平御览》全书1000卷，分55部，每部之下又分若干子目，共4558类。

❷ 帖，在此意为折页、折本。

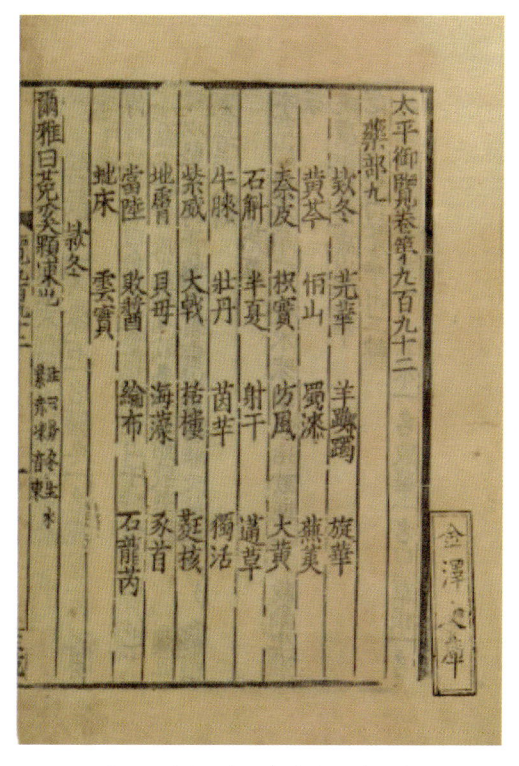

图4-4 《太平御览》宋版印本折本

而且，如前章所见，宽弘七年（1011）十一月，有一条天皇搬迁到新造的一条院之际藤原道长进献印本《文选》《白氏文集》之先例。由此可见，进献《太平御览》是清盛有意识而为，清盛将最盛时期的道长看作是自身权威的模范是颇有意思的插曲。

如上文所述，道长自身为了从家司等级晋升到大宰府的大弐之类的职位，进献的既有《文选》《白氏文集》等书籍，还有香料、琉璃壶、唐绫锦之类的最高级的唐物。道长作为执政者的权力也好，在文化上的权威也好，都是依赖丰富的舶载品来维持的，这些舶载品的质与量远远超过了朝廷所拥有的。

　　前面提及与《源氏物语》的一致，介绍了高桥昌明氏暗示清盛可能将自己比作光源氏的说法，总之，清盛尊崇先例、规范，对摄关时代最盛期的统治者很有兴趣。装饰经作为贵族文化的象征，以《平家纳经》那样的形式保留，清盛也像道长那样进献舶来品书籍。道长也好，《源氏物语》中的光源氏也罢，为了保持权力而赋予文化的权威是必要的，为此虽然有效地利用了唐物，然而清盛为了从武士门第出身的国之栋梁变成文化上的霸者，需要越过更多的障碍。对于平家一族而言，通过日宋贸易获得的唐物资源，不仅是其经济基础，也是为了抑制旧贵族和上皇以树立平氏政权、成为文化上的霸者而必需的食粮。

　　平氏政权的树立，如一般所知的那样，是平家灭亡故事的开幕。翌年治承四年（1180），开始是二月安德天皇即位、三月高仓上皇、安德天皇利用唐船的严岛行幸，喜庆之事不断，然而五月发生以仁王之乱，进而反对平氏势力的暴动在全国范围发生。可以认为，舶来品《太平御览》的进献，也可谓是平家荣华的最后一幕。

　　但是，其后约八十年，在文应元年（1260）购入《太平御览》的内大臣藤原师继的日记《妙槐记》中，记述《太平御览》在清盛第一次购入之后，接连不断地被宋人带来，当时许多知识人都喜欢读。购买知识的百科全书、凝结世界的书籍《太平御览》之平清盛的开明，对后世亦有贡献。

世界遗产 平泉与唐物

在此,就与平氏的日宋贸易大致同时代的、奥州藤原氏与唐物的关系稍作观察。被指定为世界遗产的平泉,与唐物也有着密切的关联。

本来维持日宋贸易的资金来源,是奥州的黄金。奥州藤原氏进献到京师的黄金,使得平氏日宋贸易的繁荣成为可能。不过奥州藤原氏不仅支撑起了平氏的日宋贸易,还利用手里出产丰富的黄金,从初代清衡(图4-5)的时代开始就扩展独自的贸易路线,也将唐物吸收到了平泉。

图4-5 藤原清衡像

清衡修复了奥羽的道路，整饬了先辈们开拓的海路，改建了从津轻到出羽的港口。也有观点认为，通过这条北方道路，奥州与宋、金均有贸易路线。此外，还有不经京师而经过博多直接从宋朝取得唐物的海上航线，采购陶瓷器、贵重木材以及香料之类。

柳之御所遗址，被称作平泉馆的政厅遗址，此处出土的既有国产陶瓷器，也有以宋朝白瓷四耳壶为首的大量舶来陶瓷器。白瓷四耳壶，是在博多以外几乎不见出土的稀少的输入陶瓷器精品，由此可见是奥州藤原氏直接从博多的宋朝商人那里采购的。

平泉的出土品中，白瓷占七成，青瓷、青白瓷占一成，白瓷中虽然也有水注（图4-6）、碟、碗等，然而壶所占比例最高。那是因为在宴席上，舶载壶是作为身份象征摆放的，亦有把唐物作为身份象征摆放的中世先河之说。在宴席上，赏赐给集聚到平泉的北方有权势者们白瓷、土器（素烧器）和常滑渥美的套壶之事，亦可从北方的发掘出土品得以判明。

在平泉，清衡修建中尊寺（图4-7）、基衡创建毛越寺、秀衡建造无量光院，大规模的寺院相继兴建，确呈佛教王国之貌，其修建均与唐物关联颇深。中尊寺金色堂（图4-8）七堂的螺钿（图4-9）上采用了只能在奄美大岛之南获得的夜光贝来装饰，须弥坛则在紫檀上采用了象牙装饰等，均使用了大量的唐物。原来还有中尊寺、毛越寺等采用了在宋朝、高丽可见的东亚造寺式样的说法。中尊寺留下的文殊菩萨骑狮像（图4-10）也被认为是日本所存12世纪唯一的宋朝风格的雕刻，可以说显示出了平泉文化的国际性。

中尊寺金色堂中收藏着黄纸的宋版"一切经"（图4-11），虽然现存不过二百一十帖，由其红色官印可以判明曾是明州（后来的宁波）吉祥院之物。宋版"一切经"从当时贸易港口的代表明州通过博多，进而被带到了平泉。甚至还有奥州藤原氏进口"一切经"七千卷，投入了达十万五千两巨款的传说。现在仅残存庭园的基衡毛越寺，在创建当时也是奢华地使用了金银、紫檀、赤木的豪华寺院。据说模仿宇治平等院的秀衡无量光院，也是同样的豪奢构造。

图 4-6　白瓷水注

图 4-7 中尊寺本堂

图 4-8 中尊寺金色堂

图 4-9　中尊寺金色堂内阵卷柱宝相华唐草纹

第四章　武士时代的唐物

唐物的文化史

图 4-10　中尊寺骑狮文殊菩萨及四眷属像

發覺淨心經卷下

隋天竺三藏闍那崛多譯

尒時彌勒菩薩白佛言希有世尊世間人聚
集言話乃有如此多濁過患無有功德和合
此世間言話者但增長諸煩惱於白法中當
作虛妄世尊何有智者菩薩求功德者聞此
世間過患話已當不樂獨行世尊云何菩薩
樂於多言復觀諸患菩薩若觀時樂擇具義
後更無悔佛言彌勒於中菩薩當觀二十種
諸患樂多言者何等為二十彌勒樂多話者
當無敬心以多聞故我慢放逸於語言思惟
當染著當失本念無有自正念所作事當不
正威儀不能伏身心所行之處身不周正失
於法忍身心剛強難可迴屈遠離於奢摩他
毗婆舍那所作語言不知時節語言穢濁當
辯者常恒輕賤後當常悔不住於正行當
貪飲食不得聖智諸天龍等所不敬重所得

图 4-11　中尊寺宋版"一切经"《发觉静心经 卷下》及储经用的唐柜

唐物的文化史

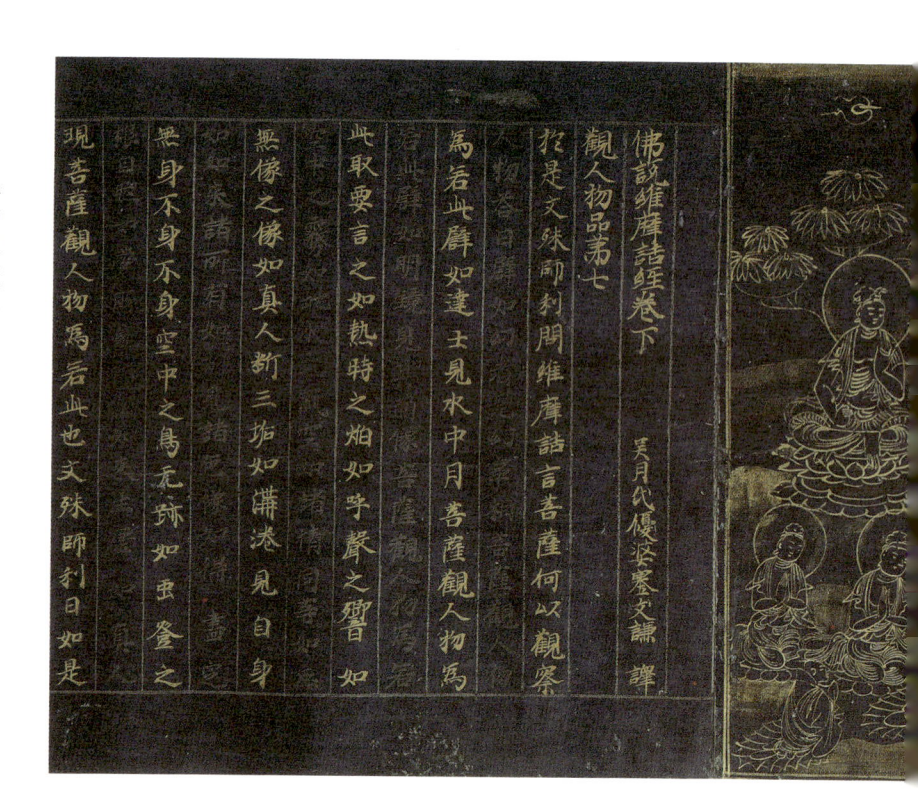

佛說維摩詰經卷下

觀人物品第七

於是文殊師利問維摩詰言菩薩何以觀察

爲若此譬如達士見水中月菩薩觀人物爲

此取要言之如熱時之焰如呼聲之響如

無像之像如真人斷三垢如溝港見日身

無身不身不身空中之鳥無跡如虫螫之

現菩薩觀人物爲若此也文殊師利曰如是

图 4-12 义经图

图 4-13　中尊寺绀纸金银字交书"一切经"

《吾妻镜》记事

然而，秀衡亡后，平泉也一蹶不振，走向衰亡之途。被源赖朝追逐的义经（图4-12）逃到奥州，重又隐匿到平泉。虽然秀衡拒绝了来自镰仓的引渡义经的要求，可是秀衡死后，其子泰衡把义经引渡给了赖朝。但是赖朝并未宽恕，于同年七月，以长期藏匿义经为罪状，出兵奥州。八月二十二日，镰仓军队进入了平泉。逃到北方的泰衡在赘栅（现在的秋田县大馆市）因家臣造反被杀害，奥州藤原氏遂灭亡。

因赖朝的奥州出兵，毛越寺、无量光寺的大伽蓝也被焚毁。在被指定为世界遗产的平泉，今日依然保留着往昔的荣华面貌的，便是中尊寺金色堂以及毛越寺庭园、绀纸金银字经（图4-13）等。

据《吾妻镜》文治五年八月的记事，赖朝到达平泉的时候，平泉馆既因逃走的泰衡之命令而被放火烧毁，仅残存被称作高屋的仓库一处。赖朝让部下检查仓库的时候，发现"沉香、紫檀"之外，还有硬木橱柜数个。其橱柜中收纳有：

> 牛王、犀角、象牙笛、水牛角、绀琉璃笏、金沓、玉幡、金花鬘、蜀江锦直垂、无缝帷、金造鹤、银造猫、琉璃灯炉、南廷（优质银）白等。其他，锦、绣、绫、罗。

不胜枚举。其中除了金银加工品之外，还包含犀角、象牙笛、水牛角等南海贸易品以及绀❶琉璃笏、蜀江锦之类的许多舶载奢侈品。收纳这些沉香、紫檀的橱柜也是舶来品。平泉馆的仓库肯定不止一个，如若所有的财宝都能留下，如此上乘的唐物的总量又当如何呢？

若说到制作武士穿的直垂的蜀江锦，就想起前面看过的《平家物语》中的"杨州之黄金、荆州之珠、吴郡之绫、蜀江之锦、七珍万宝，无一或缺"；其他的物品，也与第二章所见《新猿乐记》中的唐物条重复的较多。《新猿乐记》中经营唐物的商人首领八郎真人，

---

❶ 绀，藏蓝。若泛黑色为"藏青"，若泛红色为"藏蓝"。

从俘囚之地（奥州），至鬼界岛❶广泛活动。八郎真人经营本朝（日本产）商品最甚的，是奥州的黄金。

此外，中尊寺金色堂使用的夜光贝，作为"夜久之贝"，与水晶、琥珀之类一起，亦可见于八郎真人经营的本朝物品。奥州的藤原氏以黄金换取八郎真人那样的贸易商人经营的唐物或本朝的物品，将平泉之地建设成了都城之外的独立的佛教文化王国。

镰仓将军和北条一族

那么，灭亡平泉的镰仓幕府与唐物的关系，又当如何呢？事实上，显示镰仓时代初期将军家与唐物关系的记录并没有那么多。

同样，据《吾妻镜》记载，文治元年（1185）十月，从九州归来的源范赖，将从平家抢夺来的唐物中的唐锦、唐绫绢罗、南廷、唐墨、唐莚、茶道具进献给了后白河法皇，献给赖朝、政子夫妇的是唐锦、唐绫、南廷等。然而，以质朴刚毅为特征的赖朝、政子夫妇是否喜欢上述唐物则不得而知。

另外，二人的次子源实朝，亦因建造渡宋之唐船而有名。建保

---

❶ 鬼界岛，日文为"鬼界が岛"或"鬼界ヶ岛"，是九州南部诸岛之古称。或译作"鬼岛""魔鬼岛"。

四年（1216）六月，宋朝的陈和卿访问镰仓，与实朝会面，告诉实朝的前世是宋的医王山长老。同年十一月，实朝忽然想要渡宋，命陈和卿建造唐船。《吾妻镜》记载，翌年的建保五年四月，实朝将竣工的唐船从由比之浜拖向大海，不过船没有浮起。然而，这只是片断的记录，难以说明源氏将军家像平氏那样采取了积极的贸易政策。

不过，嘉禄二年（1226），由于出羽国的御家人❶武藤资赖被任命为大宰第弐，进入了镰仓幕府控制九州贸易的时代。并且，到了镰仓后期，执权的北条氏掌握了从博多到镰仓的海路，再通过镰仓的禅宗寺院，将大量的唐物汇集到镰仓，在镰仓出现了唐物热潮。物价因此上涨，幕府于建长六年（1254）限制进港的唐船数量为五艘，然而此规定未被恪守，唐物继续流入。

被称作元寇的文永之役（1274）、弘安之役（1281）后，日本与元朝的贸易也很兴盛。本来文永、弘安之役，是日本连续拒绝通过高丽要求朝贡的元朝导致的。元朝方面原本希望和日本通好，元寇前后对民间水平的贸易管理也是宽松的。承继日宋贸易繁荣的日元贸易依然继续，倒是更为活跃。

非但如此，到了14世纪前半，为了积攒兴建寺院、镰仓大佛（图4-14）的费用，镰仓幕府还频繁派遣"寺社造营料唐船"❷（劝进

---

❶ 御家人，镰仓、室町幕府的将军世臣的武士；江户时代，将军直属的家臣，御目见（可拜见将军者）以下者。

❷ 造营，即营造、兴建之意，因原著中为专有名词，故原著中的"造营料唐船"一词均未作翻译。

图 4-14　镰仓大佛

船）。1975年在韩国西南岸新安郡的道德岛海中发现的沉船成为话题，该沉船也是寺社造营料唐船。

沉船的讲述

新安海的沉船是元亨三年（1323）六月左右，从中国的庆元（宁波）起航，向博多航行之船。船长三十余米，是分为八个船舱被称作容克船的中国式的外洋船。打捞上来的木简上有京都东福寺、博多筥崎宫等名字，东福寺于元应元年（1319）、筥崎宫于延庆三年

图 4-15　新安沉船上装载的陶瓷器

（1310）遭遇火灾，据说是为了得到其重建资金的造营料唐船。另外，还有许多商人、僧侣名，也是很多人出资的杂凑船。

长达九年的调查，打捞上来的是超过一万八千件陶瓷器、八百万枚铜钱（二十八吨）、一千余根紫檀木材、青铜杯等，数量惊人，清晰地表现出了当时日元贸易的真实情况。特别是主要的载装货物陶瓷器，龙泉窑的青瓷占了近六成，其次是景德镇的青白瓷、白瓷（图4-15）。这些商品品质良好且破损较少，的确为当时贸易的重要资料。

新安海沉船作为当时的唐船，并不是非同一般的大型船，而只是一般的容量。一艘船上就有数量如此巨大的装载品，那么日元贸易总体带入日本的铜钱、陶瓷器的量如何，无疑远远超出我们的想象。而且，大量唐物的流入，不仅将日本的禅寺装饰成了中国风格，而且带来经济的活化作用，在广泛的阶层中掀起了崇尚唐物的高潮。

渡海僧、渡来僧的时代

此外，乘坐寺社造营料唐船，渡海僧、渡来僧也频频渡海。据说，新安海沉船上很可能乘坐着正和三年（1314）的入元僧大智。

前面举出了平安中期入宋僧奝然和寂照的名字，若说到北宋时期的入宋僧，大概是前往五台山、天台山去巡礼的成寻、戒觉等。不过，到了南宋时期，都城临安和商船进港的明州附近，入宋僧也变得较多。

特别是为了带回禅宗思想而入宋的僧侣也有许多，带来临济禅的荣西、曹洞禅的道元、开创东福寺的圆尔等都很出名。荣西在仁安三年（1168）和文治二年（1187）两次入宋，后来整理了《喫茶养生记》，因将喫茶的习惯介绍到日本而有名。在他开创的博多圣福寺、京都建仁寺盛行栽培茶树，在皈依于禅的武士之间，喫茶的习惯相当普遍。

《吾妻镜》记载建保二年（1214）二月，源实朝苦于宿醉，召居住在镰仓寿福寺的荣西来祈祷。荣西给实朝奉上一杯茶（被称作点茶的抹茶），还进献了《喫茶养生记》。据说荣西在坐禅间歇写出的那本书，让实朝非常欢喜。

不仅是渡海僧，从13世纪中叶开始，来自南宋的渡来僧也有很多来到日本，住在镰仓、京师的禅宗寺院中。其榜样就是兰溪道隆，在宽元四年（1246）入宋的泉涌寺僧引导下，与弟子一同来日。道隆正式传临济宗，得到执权的北条时赖的信任，当上镰仓建长寺的初代住持。这成为禅宗在镰仓扎根的开端，道隆的弟子渡海的也较多。

建长寺还是继兰溪道隆以后、邀请来的中国僧无学祖元、一山一宁等住居的寺院，被誉为"如唐僧渡来之唐国"。无学祖元后来开创圆觉寺，是与建长寺、寿福寺、净智寺、净妙寺合称镰仓五山的寺院，成为实践禅宗文化的异国空间，提高了唐物的价值。

在镰仓五山，使用中文（宋语）、流行被称作茶礼的中国式茶会等，宋文化被直接输入，以茶具为首的使用唐物的嗜尚越发风行。武士之间时兴被称作唐膳的盛馔料理，也是宋风生活文化的影响。

来自金泽文库的遗物

可以充分窥视到镰仓中期以降武士阶级的唐物受容状况的，是现在位于横滨市金泽区的金泽文库。金泽文库原来是镰仓中期北条氏一族的金泽实时，在武藏国久良岐郡六浦庄金泽的邸宅内建造的武士文库。其创设时期不甚明确，或在金泽实时晚年的建治元年（1275）前后。

金泽实时接受《群书治要》（帝王学龟鉴，传说德川家康亦藏）讲义，还痴迷于白居易，藏书内容为政治、文学、历史等广泛的和汉书籍。实时让其子实政做镇西探题❶，由于位居管辖九州军事、裁判的位置，控制运送唐物的"海道"（博多—淀—大秦—六浦），收集书籍。

其后又经过金泽显时、贞显、贞将三代，书籍的收集接连不断，谋求充实其藏书。特别是贞显作为那个时代文化人中的著名人物，是认识镰仓末期如何爱好唐物、茶道的重要证明人。金泽文库中还保留有他的信件（图4-16）五百封以上，元德元年（1239）的书信中记载着因唐船平安回国故较易得到薰香；元德二年（1330）六月的信是寄给其子贞将的，讲唐物及茶道流行，吩咐他从京师买回唐物器具之类。

此外，金泽文库的古文书中还有同一年的、书写有关东（镰仓）大佛造营料唐船于次年春天渡宋的文书。还有嘉元四年（1306），为了获得金泽氏的菩提寺和称名寺的营造材料，向元朝派遣唐船，称名寺僧俊如房（快誉）搭乘了此船。

---

❶ 镇西探题，镰仓幕府在博多设置的统治机构，管辖九州及一岐、对马二岛的军事、警察、裁判。探题，在此为职衔。

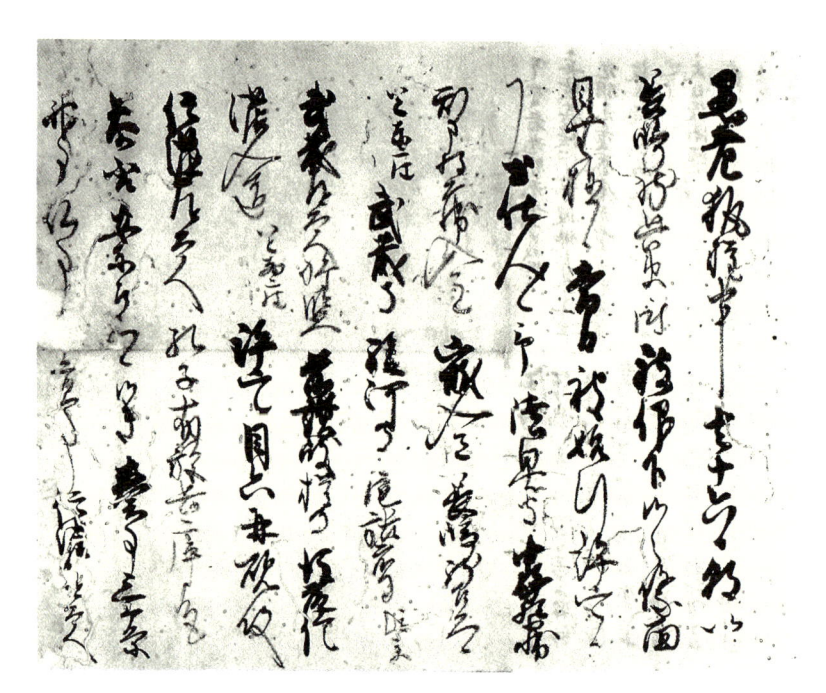

图 4-16　金泽贞显书信

贞显关于茶的书信中，还有在京师找茶、在称名寺收受种植茶的。贞显作为六波罗探题[1]在京师生活了十一年，在京期间爱好茶，即使在镰仓末期也频繁举办茶会、酒宴。还有其茶会是室町以降盛行的被称作会所的中国式的空间、在唐物装饰品中使用天目茶碗进行的说法。

今日依然保存在金泽文库中的唐物陶瓷器，是龙泉窑青瓷，有青瓷香炉（**本章首**）、好似称名寺佛事上使用的青瓷花瓶（图4-17）、酒宴上使用的青瓷壶（酒海壶，图4-18）等。青瓷壶发现于显时的

[1] 六波罗探题，镰仓幕府代替京都守护在六波罗设置的机构，初名六波罗守护。

墓中，原来是显时生前的心爱之壶，均为大型陶瓷器，与新安海沉船打捞上来的龙泉窑青瓷类似。

金泽贞显父子于元弘三年（1333），随着镰仓幕府灭亡而殉北条高时自杀而死，之后，文库被毗连的菩提寺的称名寺管理。现在的金泽文库，是昭和五年（1930）作为神奈川县的设施而重建的。

图 4-17　青瓷花瓶

嫌恶唐物的兼好 [1]

有一个人物一边与金泽贞显保持关系，一边对当时的唐物热潮泼冷水，那就是《徒然草》的作者吉田兼好。兼好似曾依靠贞显，在镰仓逗留。贞显作为六波罗探题上京的时候，与兼好

[1] 兼好，镰仓末期的歌人，俗名卜部兼好，后世亦称吉田兼好，精通儒、佛、老庄之学，有随笔集《徒然草》。

图 4-18　青瓷壶

相识，兼好以此渊源至少两次下镰仓。据传说，其时兼好在金泽氏公馆附近的上行寺境内结庵。上行寺、金泽氏公馆附近六浦的港口，既是盐产地，从镰仓中期开始也是国内外物资卸货地，对幕府来说是重要的港口。甚至有兼好在六浦见到唐物被大量卸货，产生了《徒然草》中下面段落的传说（一百二十段）。

> 唐之物品，药材之外，虽无，亦非问题。书籍也罢，于斯国多广濡，书写誊抄。唐土之舟经不易之道，唯取积无用之物，狭所渡来，愚也。
> "勿以远物为宝"，又"勿以难得之货为贵"，文中侍哉。
> （来自中国的舶来品，除了药材之外，尽是些即便没有也不会感觉不便的东西。中国的书籍之类，也已遍及这个国家，仅誊抄即可。来自中国的贸易船，历经艰险，远道而来，唯有无用之物，满载货物到来，真是蠢事。
> "勿以远国之物为宝"，或"勿以难得之宝物为贵"❶，中国的古书中这样写道。）

兼好对当时的唐物热潮如此冷静，认为药材以外的唐物均是无用之物，以唐船仅将没有实用功能的奢侈品运送来为愚蠢之事。在

---

❶ 《尚书·旅獒》中作"不宝远物"，《道德经》中作"不贵难得之货"。译文直译原著中所引日文，未用古文原文。

《徒然草》第十三段评价了《文选》《白氏文集》《老子》《庄子》等汉籍的兼好，却在该段认为，由于已经有很多书籍输入到了日本，除此以外即使不再输入，只要誊写以往引进的书籍就可以了。由于兼好是以查看金泽家书库收集的和汉书籍为目的而向东下行来到镰仓的❶，以为他对书籍的输入会宽容点，岂料并非如此。

该段中"唐之物品"以下，虽然也是作为反映日元贸易真实情况的资料而被再三引用的有名段落，然而兼好非常讨厌镰仓末期过度重视舶来品的风潮。话虽如此，仅对于舶来的药材，由于有的是在日本无法入手的，从重视健康的角度，他还是将其视作例外。

最后的"勿以远物为宝"一节，源自《书经》"旅獒"，这是说如果君主不想要远方之物，就没有土地被侵略的忧虑，那块土地上的人们就能安心生活❷。"勿以难得之宝物为贵"源自《老子》，意为君主如果不将珍奇的财物作为贵重之物来使用，臣民就不会盗窃。❸虽然均非针对喜好"唐物"的阶级，而是将为政者作为批判的对象，提醒臣民不要受其影响而心神散乱。兼好用清醒的格调写道，很早以前的书里就劝戒着，不能仅仅因其来自远方或者稀奇就格外重视和贪恋唐物。

同时，《徒然草》接着在一百二十一段"养饲之物"中，兼好以

---

❶ 原著中为"东下"，即从京都向东下到镰仓。
❷ 《尚书·旅獒》中原文为："不宝远物，则远人格；所宝惟贤，则迩人安。"
❸ 《道德经》第三章中原文为："不贵难得之货，使民不为盗。"

为饲养牛、马以外的鸟兽也是无用的,同样引用了《书经》"旅獒"一节。他劝告道:"凡'珍禽奇兽,不育于国',文中侍熟。"(一般来说,中国的古书中也写着"珍禽异兽之类,不当饲养在国内"。)

《明月记》和《徒然草》

上溯到《徒然草》之前约百年,藤原定家也在日记《明月记》嘉禄二年(1226)五月条中写到"去今年,宋朝之鸟兽,充满华洛(京都的大街)。唐船任意之辈,或面面渡之。豪家竞豢养云云"(去年和今年,宋朝的鸟兽在京城中很多,那是当时唐船带回大陆的珍兽,京城的富裕阶层竞相饲养,出现了宠物热。),之后同样引用"旅獒"一节,写着"珍禽奇兽,不育于国。不宝远物,则远人格"。

《明月记》同嘉禄二年二月条中,有岩清水八幡的宗清法印将舶来的麝香猫和鹦哥当作礼品赠送的记载。宗清打算将其献给关白近卫家实,好像在那之前想先给定家看看。唐船运来的宋朝鸟兽即使在京城也被追捧,成为献给显贵的礼物。可见平安时期限定于贵族阶层的东西,在定家的时代,已经扩散到了富裕阶层。《明月记》和《徒然草》中的情形一致,是偶然还是兼好以定家为参照的结果虽然不明,不过定家对饲养舶来珍兽之事也很冷淡。

图 4-19 《慕归绘词》卷八中所绘青瓷花瓶和青瓷香炉

而且,兼好对唐物及有点唐风之物的嫌恶,体现在《徒然草》的第十段,说唐的器具难看而寒酸;在第一百三十九段,他认为舶来植物的名称难以听懂,花也看不惯,感受不到怀古之情。特别是后者,他断定舶来的植物是没有教养、没有品性之人暂时极端追捧之物,即便没有也未尝不可。《徒然草》在参照清少纳言《枕草子》的同时,表达了与赞美唐物或有点唐风之物的《枕草子》不同的价值观。

总的说来,兼好是保守的,有喜爱旧式而自然的东西、日本自古以来传统文化的倾向,珍奇唐物的嗜尚除了让他颦蹙之外别无其他。兼好没有言及当时流行的茶,或亦为此。然而,反过来说,从《徒然草》中所见兼好保守如警钟的措辞,亦可窥见当时日元贸易如何繁荣、唐物大量流入,以及其如何被追捧崇拜的时代风潮(图4-19)。

第五章

茶道和天下人

——中世唐物爱好的变迁

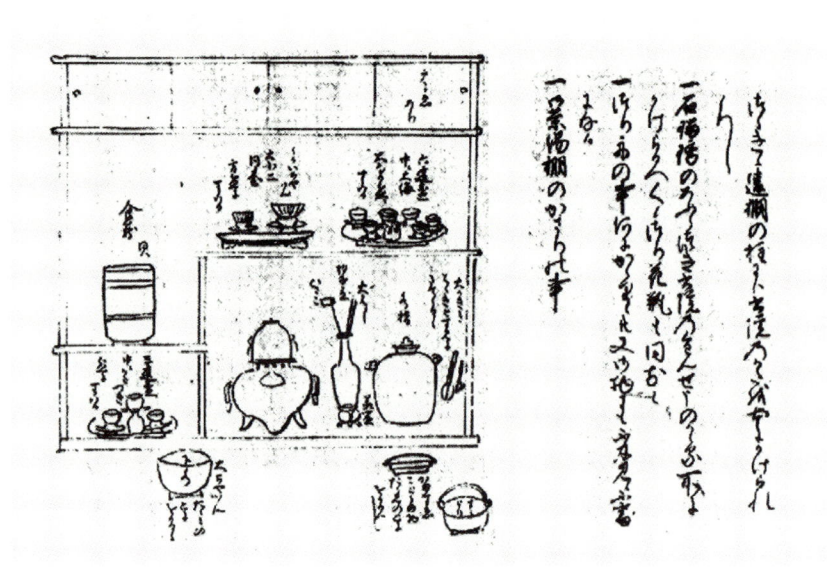

《君台观左右帐记》

婆娑罗❶大名，佐佐木道誉

前章叙述了唐物受容从贵族到武士的扩散，本章来追寻室町时代至战国时代唐物向武士社会的浸透。

室町幕府灭亡后，有后醍醐天皇的建武中兴，足利尊氏创立幕府，接着是南北朝的动乱。在这一动乱时期，用大量的唐物来突出自己的存在的，是被称为婆娑罗大名的佐佐木道誉。

佐佐木道誉本叫佐佐木高氏，是侍奉镰仓幕府的御家人，与执权❷北条高时一起出家，法名道誉。然而，道誉受后醍醐天皇宣旨劝告足利尊氏倒幕，不久帮助尊氏创立幕府，忖度时代潮流且巧于政界处世哲学。他身处动乱时期，在当时活到了少有的七十八岁，保全了天寿。

道誉作为风流之人，亦是通晓连歌、茶、立花❸（插花）、猿乐等的人物。《太平记》中，评价佐佐木道誉及其追随者为"婆娑罗

---

❶ 所谓"婆娑罗"，是表现日本中世、主要是南北朝时期社会风潮和文化流行的词语，的确作为当时的流行语被使用。梵语作"vajra"，意即金刚石。

❷ 执权，镰仓时代辅佐将军的执政官，室町时代的管领。

❸ 立花，花道中把中心树枝立正的一种插花形式，大瓶插花（"池袋流"的一种插花形式）。

第五章 茶道和天下人

中尽风流"。所谓婆娑罗，是脱离形式、常识，奔放而引人注意的浮华举止，在南北朝的动乱时期，依靠这种举止来惹人注目的人很多。关于道誉的婆娑罗轶事与唐物的关联，想介绍《太平记》中的几个记载。

道誉的"逸脱之美学"

首先，我们来看看在"斗茶会"上唐物的使用方法。道誉喜欢被称作斗茶会的、通过饮茶来猜测其产地的比赛。《太平记》中，讲述了道誉用唐物或国内的宝物装饰会所（图5-1），组织有豪华奖品（赌品）的斗茶会为消遣的情况。

道誉的奢华情况确实非同一般，康安元年（1361）七夕，他在都城京极的府第中凑齐了许多唐物茶道具，准备了七菜盛宴，装载了多达七百种的赏品，举办了供饮用比赛的七十杯本茶（京都栂尾产的茶）、非茶（那以外的茶）的大斗茶会，得罪了执权细川清氏。

而且，同年道誉被南朝方面攻击，不顾宅邸逃出京城之际，用收集的唐物华丽地装饰了府第的会所、书院、寝室。其情况在《太平记》中有如下记录（卷三十六）：

图 5-1 《慕归绘词》中用唐物装饰的会所房间

  竖起会所的榻榻米,在其上铺上毡虎之皮,张僧繇的观音,王杨元的山水,紫檀桌上的古铜三具足❶,黄铜罐子中银水桶,雕漆盆上建盏取双,书院里思朝夕信仰,俞法师的阿弥陀,门无关的布袋,君台仁的楼阁上张汉宏的江山画,几板上王羲之的草书偈,张即之的《金刚经》,眼床中段子值宿之物配着沉香枕(以下略)

  (做完会所的榻榻米,在其上铺上毡虎的皮,张僧繇描绘的观音像上配上王杨元的山水画,紫檀桌上放置古铜

---

❶ 三具足,佛前供奉的一套香炉、花瓶、烛台。

的三具足,黄铜制的茶釜中放着银的水壶,雕漆盆中整齐地摆放着建盏的茶碗。书院里做着朝夕信仰,俞法师画的阿弥陀,门无关画的布袋,君台仁画的楼阁上装饰着张汉宏描的江山画,地板间放置着王羲之的草书偈、张即之写的《金刚经》。寝室中缎被配着沉香枕……)

此处列举了数十个或为唐物之物,这一数字即使在《太平记》之中也是最多的。并且,实际上不只是"毡虎之皮""紫檀桌""沉香枕""段子值宿之物"之类,还有以"张僧繇的观音"为首的,附带着制作者固有名词的物品出现。虽不清楚是否是实际存在的人名,然而仅仅是罗列的这些唐物就已经凸显出了其所有者道誉的财力。同时,显示出道誉是唐物的鉴定家,也是卓越的室内装饰设计师。

《太平记》之外的书籍中,作为与王羲之的草书成对之物,还装饰有《韩愈文集》,这被作为"书院七所装饰"的开端。并且,道誉充分准备了鸟、兔、雁、天鹅、坚田鲫鱼、淀川鲤鱼等酒菜,留话说这是为款待陪贵人说话的僧侣等进入府邸内之人准备的,然后离去了。据说后来的楠木正仪非常钦佩道誉款待来客的地道,也没有烧毁宅邸。用自己收集的唐物装饰府邸,既是腾出宅邸对敌手的礼仪,亦当是给对手的礼物吧。婆娑罗大名的形象,可谓栩栩如生、跃然纸上。

五年后的贞治五年(1366),道誉在大原野所设赏花宴也格外特别。道誉把到小盐山的途中的桥栏杆用金线织花的锦缎包裹,桥板上铺设各种唐毛毡、蜀江锦等。藤枝上系上唐之平红带，悬挂青瓷香炉，焚鸡舌香，故而周围充满极好的香气。登上寺院的本堂，可见到庭院中有四棵樱花树，其根部放着一丈余的黄铜花瓶，看似立花，其间香炉摆放在案上，由于一次焚烧多达一斤的名香，所以香风向四周扩散，游人都仿佛是在极乐净土的芳香之国漫步。

道誉在樱花树的树荫里拉上帷幔，准备好百味珍膳，饮百杯本茶、非茶比赛，奖品和赌品堆积如山（《太平记》卷三十九）。而且不只是斗茶，还有田乐、猿乐，也有诗歌、连歌之会，极尽游兴之限。毋庸赘言，此处也横溢着唐锦、青瓷香炉、香、茶道具之类的唐物。

佐佐木道誉是唐物鉴定家，用唐物来装饰斗茶、赏花。婆娑罗的美学承继了足利义满的北条文化，也成为义政东山文化的先驱。

足利义满和"日本国王"

继佐佐木道誉之后的室町时期的唐物关键人物，首先是室町幕府的三代将军足利义满。义满虽早就希望与明朝开展贸易，但直至应永八年（1401）才得以实现。

九州周边的海盗骚扰朝鲜南岸开始于13世纪后半，他们被叫作

"倭寇"。倭寇趁着14世纪中叶南北朝动乱时期,气焰增强,甚至影响到中国山东地区。明太祖洪武帝几度派遣使者,要求日本压制倭寇,其书信(诏书)当时交付给了在大宰府的南朝征西将军怀良亲王。其内容是催促日本的朝贡,怀良亲王面对第三次诏书,送上了马和当地土特产以及被倭寇劫走的中国男女约七十人。

洪武帝认可了这是朝贡,其证据就是派遣使者到达博多授予大统历(明历),不过此时的怀良亲王被九州探题今川了俊攻打,业已离开大宰府,退却到了高良山。知道南朝和北朝对立的明朝使者虽入京与室町幕府接触,但未能完成任务,后归国。足利义满在送使者回明朝之际,进献了马和土产品,但是因为没有上奏之文,洪武帝不承认这是朝贡。

其后,义满希望与明朝建立外交,让今川了俊推进到九州平定,开始镇压倭寇。但是,天授六年(1380),因以"日本征夷将军源义满"之名遣使至明而被拒绝,首先就得以巩固其在国内的地位为重点。其结果是义满接近了朝臣的世界,将军职务原封不动,于弘和二年(1382)当上左大臣,翌年成为准三后。

义满于应永元年(1394)把将军职务让给儿子义持,自己只做太政大臣,然而依旧掌握着将军的实权。应元二年(1395),他辞去太政大臣出家,自比法皇,模仿仙洞御所营造了北山府第。义满与祖父足利尊氏、父亲义诠不同,他名副其实地推进了与朝臣的连带,站上了权力的顶点。而且,在独占外交权之后讨伐对手岛津氏、山名氏，进而于应永六年（1399），在堺❶灭亡强敌大内义弘，不可动摇地掌握了外交权和贸易权。

义满在应永八年（1401）充满自信，适时地起草了以"日本国准三后义满，上书大明皇帝陛下"为开头的国书，遣使至明。明建文帝接纳了其朝贡，送了任命义满为"日本国王"的诏书和大统历、锦绮（二十匹）。为了参观唐船，义满特意前往兵库浦，并且在北山府第接受赏赐之物。然而，由于建文帝被其叔父永乐帝篡夺皇位，因此应永十年（1403）义满派遣使者祝贺永乐帝即位，再次送去以"日本国王臣源"开头的上奏之文和地方特产。

对此，永乐帝给予义满冠服和锦绮、纱罗以及"日本国王之印"金印和勘合（百通）❷等。此后，就形成了只有自备勘合符的足利将军朝贡使的垄断贸易体制。而且，按照朝贡规则，下次入贡是在十年后的应永二十一年（1414），义满却于应永十二年（1405）、十四年（1407）、十五年（1408）连续派遣了遣明船。由于明朝最终也没有拒绝，因此义满越过规则，得到了贸易之利。

---

❶ 堺，地名，位于大阪湾东岸、隔大和川河口南接大阪市，室町时代为商人自治环濠都会，作为与明朝的贸易港而繁荣。

❷ 勘合，明朝与他国通交之际作为正式使船的证据而发行的符契，近世以后俗称"勘合符"。明朝和日本之间，为了抑制倭寇和走私贸易，将"日本"二字分开，给予室町幕府"本字"的勘合百通，遣明使持之入明，在宁波、北京与底册核对检查；明船则持"日字"的勘合。

和朝鲜的外交

再来简单看看这一时期与朝鲜半岛的关系，准备好控制九州体制的义满，于应永六年（1399）通过大内义弘的斡旋，向李氏朝鲜派遣了使者。本来高丽以及其后的李氏朝鲜，都要求日本管束倭寇，以今川了俊、大内义弘的倭寇对策为契机，日本开始与朝鲜通交。虽然不久今川了俊独占了与朝鲜的通交，然而应永二年（1395）了俊的九州探题被解任，大内氏成为通交中心，义满乘机开始了与朝鲜的外交。

应永二年朝鲜派遣来了报聘使（答礼使者），日朝间的外交关系得以确立。据说义满想要的是《大藏经》的版本、铜钟和药物，日朝贸易输入的还有木绵、朝鲜人参之类的物品。并且，应永十一年（1404），义满在给朝鲜的外交文书中初次自称"日本国王"。应永八年、十年向明派遣使者，接受了"日本国王"的册封。

足利义满这位自称"日本国王臣源"（即日本国王）的人物，即使在历史教科书中也很有名，由此一时曾有义满意欲篡夺天皇位之说。义满溺爱次子义嗣，使其成为后小松天皇的养子，不久欲让其即位的说法，也曾是煞有介事。

但是，与其说义满欲让义嗣即位篡夺天皇之位，不如说是为了与明朝开展贸易，自称日本国王除了朝鲜贸易之外别无其他，当是实际情况。因为，元朝灭亡进入明朝之际，中国方面的外交政策变化，不再认可朝贡以外的贸易。所谓"日本国王"，始终是为了与明朝进行交易所取的称号，义满在国内并没有散布这一称号的迹象。

莫如说，义满在国内瞄准的，是《源氏物语》中的光源氏，换言之当是立于准太上天皇再世那样的立场。以自己的妻子日野康子为后小松天皇的准母❶（女院），义满自身也作为后小松天皇父亲的替代，超出臣下的立场，意欲行使和发挥权力、权威，这也是说义满复活了光源氏幻想的原因。

义满的文化战略

通过遣明船的派遣，义满获得了哪些种类的唐物呢？

应永十二年（1405），明朝赠送给了义满九章冕服和织金、文绮、纱罗、绢以及铜钱、钞（纸币）之类作为答礼。应永十四年（1407），明朝馈赠给义满夫妻的物品，有白金、铜钱和绵、纻丝（缎子的一种）、纱罗、绢以及僧衣十二套、帷帐、衾褥、器皿等。

---

❶ 准母，按照天皇母亲看待之意，多为赐给内亲王皇后或院号时的称谓。

也就是说，对于足利将军的进贡品，明朝皇帝以白金、铜钱、绢织等物作为回赐品。那些唐物，不仅成为将军家赠予家臣的财宝，而且是礼仪仪式、举办集会的会所中装饰的器具，让义满在物质上受惠，同时成为必备的装饰。

从原来装饰唐物、召开茶会及艺能会等的会所来看，较之婆娑罗大名佐佐木道誉的时代也进步了。道誉的会所不过是和书院、寝室连接的房间，然而义满北山府第的会所则是府邸内独立的建筑物。一般认为足利将军公馆的会所的开端，是被称作天镜阁的二层建筑。会所旁边有泉殿和后世作为金阁而有名的三层建筑舍利殿（安置佛舍利的建筑物），舍利殿和天镜阁的二层用空中走廊连接。

在这座北山府第中，义满把从明朝得到的唐物用作了室内装饰。其中尤以迎接后小松天皇到北山府第的盛典，即所谓的北山殿行幸，确实应该说是极尽奢华的事件。据一条经嗣《北山殿行幸记》记载，在前面稍作提及的北山殿行幸，天镜阁会所狭窄的房间中摆放着中国绘画杰作以及花瓶、香炉、屏风之类，那些甚至在原产地中国（"唐国"）也是很稀有的物品。义满公布了将军家的唐物，让天皇及朝臣承认其价值，也显示出其在文化上的霸者地位。

另一方面，若说到北山府第的神殿、常御所，则装饰着和物。的确是在宅邸内部通过对照做出了和与汉的空间结构，使集大成的足利将军给人以深刻的印象。作为和与汉的文化统括者的义满，在这一点上也是《源氏物语》中光源氏形象的后裔，可谓是其复生。

作为美术品的唐物

最初,北山殿行幸本身,就是以《源氏物语》藤里叶卷的六条院行幸为形象的,是义满在后小松天皇行幸这样的礼仪空间确认仿照光源氏那种院政的政治统治。北山殿行幸从三月八日至二十八日,实际上经过了二十一日之多,期间举行了各种各样的仪式。

与唐物相关特别引人注目的是,在第三日的三月十日,道阿弥的猿乐之后,装饰在会所房间中的唐物、金银等被进献给了后小松天皇,西侧房间装饰的是"月湖、牧谿"的绘画、盆、香炉、花瓶、桌、砚、笔架等唐物,东侧房间装饰的是剑、金银之类(《北山殿行幸记》)。这一事件之所以重要,并不只是因为唐物、金银之类物品的馈赠,而是因为在此物品选择上,可以窥视到义满的审美意识。

其中尤以因水墨画而出名的禅宗僧侣牧谿在当时的日本评价极高。义满珍爱的中国画,有牧谿的《观音猿鹤图》《潇湘八景图》(图5-2)以及北宋徽宗皇帝的《桃鸠图》、南宋宫廷画家梁楷的《六祖截竹图》等代表宋代绘画的优秀作品。

本来,义满是嗜尚中国之人,戴着叫作首周的唐物腹带,还于应永十四年(1407)十月作宋人装束(唐装束),邀请明使去常在光

图 5-2　牧谿作《远浦归帆图》

院赏红叶。唐物的收集，对于义满而言，不仅是展示权力、巩固幕府的经济基础，也有满足他自身中国嗜尚的意思。

还应该注意的是，义满的中国嗜尚，并非贸易对象的明朝及其之前的元朝，而是更倾向于之前的宋徽宗以及牧谿、梁楷等呈现的宋文化。这或许是由于宋文化水准高的原因，故而日本喜欢其优美的文化。也有观点认为，即使牧谿、梁楷，在中国本国得到的评价也不怎么高，可以说这里面有从和文化来看汉之绘画的取舍选择，即以日本的审美意识来选择宋朝绘画。

研究室町美术史的岛尾新氏认为，以义满为首的足利将军，不只是注重唐物的稀有及其金钱价值，而是将之作为美术品来对待。具体就是在装饰房间的唐物中，添加了牧谿那样的禅僧画和宋徽宗、梁楷那样的中国（南宋[1]）宫廷收藏品、宫廷画的形象，提高了其文化价值。这当是应该首肯的见解。

---

[1] 原著中为"南宋"。牧谿、梁楷为南宋时人，而宋徽宗的生卒年为1082—1135年。

而且，这样对唐物美术品化作出巨大贡献的，是被称作同朋众❶的存在。同朋众的起源，始于当上管领的细川赖之让六位法师侍奉义满。他们不仅掌管艺能，还作为唐物奉行❷管理唐物，负责装饰房间。他们还鉴定唐物，将得到权威人士肯定之物，作为有价值的精品而流通。义满之后的足利将军，也与同朋众一起努力收集唐物，其中的一部分成为后来被称作东山御物的著名收藏品。

唐物不仅通过日明贸易被带来，在将军御成❸以及每年定例仪式、年末之际等还有来自大名、朝臣、寺社的进献。特别是有势力的大名大内氏，经常进献唐物。

汇集到足利将军家的唐物，反映出将军爱好的同时，也通过同朋众的鉴定眼光，拣选可作为御物装饰室町殿房间之物。可以认为，这是从像婆娑罗大名会所那样大量装饰唐物的"量"的美学，向选择御物装饰的"质"的美学的转换。

御物不仅是室町殿，将军御成的场所也有必要同样装饰，同朋众在事前前往该地进行房间装饰。利用唐物装饰的房间，是将军权威的象征。因此，有必要规定御物房间装饰的基准和方法。

---

❶ 同朋众，或作童坊，相当于扈从足利将军的传达、侍聊之类角色者。出家之人称某阿弥，时宗（日本净土教之一派）徒众较多，出现了擅长各种艺能之人。

❷ 奉行，武士职名。分掌政务，一个部门的负责人。镰仓、室町时代是评定众（职名，政治和裁判的最高议决机关）、引付众（职名，主要是土地相关诉讼的裁判机关）的称呼，安土桃山时代大老（江户幕府中辅佐将军的最高职位职名，全盘统辖幕府的职务）之下的参政之职，江户时代有勘定奉行、寺社奉行、町奉行之类。

❸ 御成，皇族、摄家、将军等外出、到达的敬语。

《君台观左右帐记》的世界

被选作御物的唐物，当然要进行种类分类、定出等级，如此便无法回避《君台观左右帐记》（本章首）这本关于房间装饰的秘传书籍，此书有足利义教及义政同朋众能阿弥之批注本和后世能阿弥之孙相阿弥的批注本。其内容，首先是就唐物中价值最高的绘画，举出六朝至宋元的画家约一百五十六名（相阿弥的批注本为一百七十七名），按年代顺序分为上、中、下品，列举其字号、出生地、拿手画题等。

上品又被分为"上上上、上上、上中"，被赋予"上上上"最高等级的画家是徽宗皇帝、李公麟、李安忠、梁楷四人。进入其次"上上"的是王维以下十二人，牧谿也在其内。

关于房间装饰的道具，也是唐物居多，在其讲解中就装饰方法还附图说明。特别是就茶道具，还有甚至说到其价格的。譬如说曜变天目是南宋时期制作的、内侧有漂亮斑纹的茶碗（图5-3），即使在天目茶碗之中也是无上之物，有至高的价值。

可以说《君台观左右帐记》是唐物定级之书，曾是按照唐物等级确定室礼高下的经典，是确立能否成为御物的唐物的文化、经济

图 5-3　曜变天目茶碗

价值之书。

可是另一方面,《君台观左右帐记》这种唐物鉴定手册,固定了足利将军热衷于唐物的形象,也不能否定其功过。因为,本来历代的足利将军也爱好和歌、连歌、蹴鞠等"和"的文化,典礼之际不但准备了唐物来装饰房间,也备齐了和风的室礼,保持了平衡。不可忘记的是,在日本,正是"唐"与"和"、唐物与和物双方的运用自如,才令他成为文化上的霸者。

虽然在义满的时候,唐物与和物曾以成对立的形式并存,但是从八代将军义政开始,唐物与和物的性质逐渐靠近,"唐"与"和"的文化本身变得一点一点接近。基于这种"唐"与"和"的文化关系性的变化,下面来看看义政的时代。

义政和书院的茶

如东山御物所象征的那样，足利义政赏玩唐物的书画、骨董品等，是位在书院中享受鉴赏的人物。义满的时候，在作为正式客厅使用的会所中，人们是坐在椅子上进行茶会的，然而，在义政的时代，茶会的场地由会所变成了书院造❶。地板上铺满了榻榻米，在榻榻米的上面进行茶会、立花。义政在东山山庄的持佛堂东求堂里修建的书斋"同仁斋"（图5-4），虽然只是一间四块半席的小房间，但其作为初期的书院造而有名；在此也举行茶道（书院茶），因而也被称作茶室的原型。

据《小御所东山殿御饰记》记载，同仁斋的固定几案（固定的书桌）上，中间是文几和书籍，东侧为砚台等文房用具，西面放置着汉诗文、汉籍及卷轴。另外，固定几案旁边的橱架上放着建盏（中国建窑烧制的高级天目茶碗）、小壶、茶筅，下面放置着堆朱（明制雕漆）的有盖食器。这些，当是义政从留在手边的御物中自己选择的。

---

❶ 书院造，书院式建筑。

图 5-4　东求堂的书斋"同仁斋"

　　义政鉴识眼光的准确，从其识破牧谿赝品的轶事也可见一斑。

　　义政在文明十九年（1487）访问相国寺之际，客殿中挂着四代将军义持布施的牧谿的三幅成套的画，他当时就断言中间的《布袋图》不是牧谿所作。后来同朋众相阿弥们讨论之时，从画上的年号上知道并非牧谿之作，证明了义政是正确的。

　　鬼怒鸣门❶氏著有《足利义政》一书，其中非常含蓄地说，所写的宋徽宗皇帝的审美眼光和生活方式基本同样适用于义政。义政虽然并没有像徽宗那种作为画家的才能，不过作为文化的资助者以及

---

❶ 鬼怒鸣门，Donald Keene，美国籍日本文学家、日本学家。取得日本国籍后，用片假名书写本名"Donald Lawrence Keene"为"ドナルド　キーン"，使用汉字"鬼怒鸣门"作为雅号。

图 5-5 青瓷茶碗"铭马蝗绊"

唐物的鉴赏家，他是超一流的。

义政拥有唐物的轶事，有名的是关于被称作"铭马蝗绊"（图5-5）的龙泉窑青瓷轮花茶碗的传承。据近世儒学家伊藤东涯所著《马蝗绊茶瓯记》记载，传说作为平重盛布施浙江省育王山黄金的回礼，由佛照禅师赠送了青瓷茶碗。虽然不知真伪，然而其后为义政所有。其时，由于茶碗底部有了裂纹，义政送回明朝希望替换茶碗，然而明朝没有可以替代此茶碗的出色青瓷，于是用六根锔子锔上裂纹送回了日本。因这些锔子看似马蝗（大蚂蟥），后来被命名为"铭马蝗绊"。

不过，义政手里的被后世称作东山御物的收藏品，若与祖父足利义满、父亲义教的时代相比，则有所减少。东山山庄中装饰的唐物，是从保留在义政手里的御物中挑选的各式物品。因为，义政的时代，经过了应仁之乱，幕府陷入了财政极度困难的时期，不得不卖掉许多义满、义教时期收集的庞大收藏品御物。

义政面对财政困难，也并非束手无策，为了从明朝得到必要的铜钱，他还计划派遣遣明船。然而，航海接二连三延期。最后，在应仁二年（1468）勉强派遣的遣明船，并未如愿以偿。在义满时期，明朝皇帝回赐的铜钱多达一万五千贯，后来由于明朝转换政策，停止向外国使节赠予铜钱，因此尽管其后义政又于宽正五年（1464）派遣了遣明使，但未能得到铜钱。

　　为此，虽然义政不得不以义满之后收集的将军家的唐物，即所谓的御物来充当幕府的支出，不过那种时候，有通过拍卖御物得到货款的方法和用御物本身支付还清代缴的方法，据说后者较多。即使是被代缴的御物，也被出售到市场上，高价买卖，通过各种各样的方式外流了。并非唐物，即便是将军家旧藏品御物，通过同朋众给出价格的器具类，不久就作为茶道名物茶具而流通了。

"付藻茄子"❶ 的去向

　　下面就以被作为天下无双的名物茶具"付藻茄子"（图5-6）为例，来试着追寻其持有者的变迁。

---

❶　付藻茄子，又名"作物茄子"，绰号"流转的茶器"，战国时代第一名品茶器。

图 5-6　唐物茄子茶叶罐"九十九发（付藻）茄子"

"付藻茄子"，是唐物茶叶罐（装入抹茶的小容器），本来是义满的随身携带品，被义政继承，的确是"御物"的代表。虽然甚至有义政喜欢到将其放入自身铠甲内携带的小故事，但结果是它给了宠臣山名政丰。这个唐物茶叶罐，后来被同时代爱好茶道之人村田珠光用九十九贯买进，由此冠以"九十九"，得到"付藻茄子"的铭牌。不过，在茶道具的秘传书《山上宗二记》的记载中，是村田珠光发现这个茶叶罐，虽真伪未定，仍进献给了义政。

总之，"付藻茄子"，在战国时代被越前的大名朝仓宗滴用五百贯购入，后来又被同国府中的窄袖便服店山本宗左卫门用一千贯买下。详细经过不明，不过其后好像又到了战国大名松永久秀的手中。"付藻茄子"是每被转卖身价就变得更加昂贵的名物茶具的典型。

来日传教士弗洛伊斯❶在《日本史》中冷静地讲述了这件事情。

> 收藏着石榴果实大小、装茶粉的陶器。根据人们所说，其价达二万五千克鲁扎多❷乃至三万克鲁扎多，此器称"九十九发茄子"。即使他们所说价格昂贵，我也不想要。霜台（松永久秀）还期望找到从自己这里用一万克鲁扎多买下它的诸侯。而且另外还有许多三千、四千、五千、八千、一万克鲁扎多那样价格的茶具，买卖名物茶具成为日常之事。
>
> （弗洛伊斯：《日本史》，中公文库，一·二五七页）

不久，松永久秀于永禄十一年（1568）十月向跟随足利义昭上洛❸的织田信长表示恭顺之意，进献了这只"付藻茄子"（《信长公记》）。作为回报，信长赐予松永久秀统治大和一国的权力（《多闻院日记》永禄十一年十月五日条）。这确实可谓名物茶具具有政治价值的例子。

---

❶ 路易斯·弗洛伊斯（Luis Frois，1532—1597），葡萄牙耶稣会人士，在印度成为司祭，1563年到日本传教，著有《日本史》《日欧比较文化》。
❷ 克鲁扎多，葡萄牙语Cruzado，葡萄牙15世纪后半开始使用的货币。
❸ 上洛，从地方到首都、去京都。

"消解和汉界线"

松永久秀献给信长的"付藻茄子"不久被卷入本能寺之变,因此步入不幸的运命。这将在后面讲述,在此谈谈与"付藻茄子"流转相关的精通茶道的村田珠光。

村田珠光(1423—1502)是个谜一样的人物,总结各种说法可概括为,其生于奈良,进入称名寺进行僧侣的修行,然而不久出寺,勤奋学习茶道。学禅,又从能阿弥学习茶道、工具、花道之类,开辟了在茶中发现禅的精神的茶禅一味的境界。似乎经能阿弥举荐,服务于足利义政,成为茶道师傅。

珠光的言辞之中,包括唐物在内备受关注的,是写给弟子古市澄胤的"心之文"("心师文")一节。那就是"消解和汉界线之事,肝要肝要,乃必须用心之事也"(消除唐物与和物的界线之事,需铭记不忘,必须用心)。他倡导消除唐物与和物的界线,应当将和物作为具有同样价值的茶道具对待,并非唐物居上位而和物在下位。

并且,"心之文"中认为,茶道初心者以备前烧❶(图5-7)、信乐

---

❶ 备前烧,备前市烧制的无釉"炻(shí)器",多呈红褐色。亦作伊部烧,冈山县备前市伊部烧制的无釉"炻器",狭义上指江户前期的备前烧。"炻"为日本明治四十年左右所造汉字,素烧,烧成温度低于瓷器,多数有色不透明,无气孔,与陶器有别。

图 5-7 备前烧火襷　　　　　　图 5-8 伊贺信乐烧壶

烧❶（图 5-8）之类的和物假装名人并说这就是"冷枯"境界是荒谬绝伦的。持有包含唐物在内的好的茶道具，尽知其味摸索找到的境界才是"冷枯"，亦即枯淡美的世界。

那么说，所谓"消解和汉界线"，虽然实在是有魅力的词组，不过并不限于茶道想把以前唐物占优势、和物处劣势的两者作为对等的东西来对待的主张。在珠光的茶道中，唐物与和物茶道具的性质本身接近了。珠光的茶道并非和汉并立的茶道，而可谓是和汉融合的茶道。

例如带珠光之名的"珠光青瓷茶碗"（图 5-9），虽说是按照他的审美意识而发现的唐物茶碗，是黄褐色略显朴素的青瓷茶碗，与将

---

❶ 信乐烧，信乐地方烧制的陶器，镰仓时代受常滑烧的影响开窑烧制农具、杂器，到了室町时代以烧制茶具而著名。信乐，滋贺县甲贺郡西南部町名。

图 5-9　珠光青瓷茶碗

军家赞赏的龙泉窑青瓷之类的官窑系之完美无缺的美是不同的韵味。以珠光青瓷为首，天目、唐物茶叶罐、吕宋茶壶之类，是在中国南部的民窑里烧制的非主流唐物，此外，还有被叫作高丽物的日常食器那样的高丽茶碗，也有备前烧、信乐烧之类的和物。

能乐金春禅凤的《禅凤杂谈》中说，珠光心口说到"月亦嫌在无云间"（月亮也不喜欢没有云彩的遮盖），留下了有趣的一节。这是对完整无缺之美的否定，即使在唐物方面，并非只有龙泉窑青瓷那样的完善之美，他表示了有缺点的东西也别具韵味。这种与"侘茶"❶连成一气的新的审美意识，即枯淡之美。珠光的这种哲学，被堺的爱好茶道之人武野绍鸥以及千利休所继承。

也就是说，并不只是把唐物与和物融合起来使用，在被赞赏的唐物及和物上也可见质的变化。从官窑的完美无缺到民窑唐物，进而向高丽物、和物的顺利转换，亦当是与会所茶道向小应酬茶道的转换

---

❶ 侘茶，茶道之一，与东山时代流行的书院茶相对，村田珠光之后，流行于桃山时代、重视简素寂静的境界。侘，闲寂、恬静。

相一致的。即使在绘画的世界里，也从《君台观左右帐记》中向中国绘画一边倒的时代，开始诞生了雪舟那样的水墨画境界，如出一辙。

在此，虽然可见足利将军权威象征的唐物，失去了作为威信财（身份象征）的价值，这里出现了珠光爱好的茶具的品牌特征，被称作"名物"❶用高价交易的现象。因为，珠光作为爱好茶道之人也好，对茶具、茶道具的鉴定也罢，被之后的千利休及其弟子们高度评价。珠光所有的茶具成为"名物"，出现了每经转卖就变得昂贵的增值现象。

于是在时代上，从室町将军和唐物鉴定的同朋众的组合，转变成了战国大名和町众茶头的组合。

信长的名物搜寻

确立茶头❷主持茶会这一制度的，是织田信长。信长真正开始涉及茶道，是永禄十一年（1568）拥戴足利义昭而上洛之后。

信长上洛之际，前文亦已提及，松永久秀进献"付藻茄子"立誓忠诚，允许其管辖大和一国。其时，堺的富商今井宗久，为了接

---

❶ 名物，意即名产、有名的东西等。因原著中有的"名物"是作为一个专有名词，故而关联之处不作翻译。

❷ 茶头，安土桃山时代以后，管理茶道之事的角色。

近信长，也进献了名物"松岛茶壶"和武野绍鸥所有的"茄子茶入"❶（图5-10）。以此为契机，信长也仿佛意识到了茶道具在政治上的正确使用方法，从翌年开始接连不断亲自出马获取天下名物。

首先，在京师，信长命松井友闲和丹羽长秀，从大文字屋宗观买入"初花肩冲"❷（图5-11）茶叶罐、从祐乘坊买入"富士茄子"茶叶罐、法王寺的竹茶杓、池上如庆的"芜无花入"❸等名物。他很快便找到了茶道的新利用法，开始活跃地活动。《信长公记》中，有"唐物，召天下之名物于侧"。

并且，在永禄十三年（1570），同样命松井友闲和丹羽长秀，在堺搜寻名物。同一时期，信长还从津田宗及那里购买了赵昌的花果画，从药师院买进了"小松岛茶壶"，从松永久秀那里收购了玉润的画作《烟寺晚钟》等。

特别是松井友闲，恰似侍奉足利将军的同朋众那样的唐物鉴定家，其后也将"天明姥口釜"（图5-12）"松花茶壶""金花茶壶"等唐物收集到了信长身边。信长的收集品之中，还包含许多战利品、作为和睦证明进献来的名物茶具，从敌对的本愿寺显如那里赠送的

---

❶ "茶入"即茶叶罐、茶叶筒，因"茄子茶入"和《古今和汉万宝全集七 和汉名物茶入》为专有名词或书名，故未译。

❷ 肩冲，茶叶筒形状之一，肩部稍微有棱角。在器物名称或约定俗成的专有名词之中的"肩冲"，未作翻译。

❸ "芜无花入"，因是原著引号内的专有名词，故直译为汉字，可意译为"无芜花瓶"。"芜"，芜菁、蔓菁。

图 5-10　绍鸥茄子茶入

图 5-11　初花肩冲茶叶罐

第五章　茶道和天下人

图 5-12　天明姥口釜　　　　　　图 5-13　白天目茶碗

"白天目茶碗"（图 5-13）可谓其典型。

"茶道御政道"

如前文所述，作为时势，侘茶抬头，是非主流的唐物、和物等显露头角的时期。不过，信长煞费苦心收集的，倒是好似再现一个时代之前足利将军家东山御物的正统派的唐物之名，在后世被称作"信长御物"，以中国龙泉窑青瓷和唐物的茶叶罐、茶壶以及从朝鲜半岛带来的陶器、牧谿等人的绘画为中心。上述收藏品虽然也有信长、松井友闲的爱好问题，然而为了富有策略地利用茶具，这种唐物名物甚为合适。

第五章　茶道和天下人

天正三年（1575）十月，信长召集京、堺等地豪商十七人，在妙觉寺召开了庆祝胜利的茶会。壁龛内装饰着玉润画的《烟寺晚钟》和"三日月叶茶壶"❶，使用的全是"付藻茄子""白天目茶碗""乙御前釜"之类珍藏的名物茶具。这是通过向好事的町众❷们披露身份象征的名物，炫耀自己的权力，进而要求其恭顺的一种文化上的举措。附带说一下，此时千宗易（后来的利休）掌管着主持茶道全般的"茶头"。在信长的其他茶会上，今井宗久、津田宗及等人也作为"茶头"而活跃着。

信长不仅举办名物茶具的茶会，还慷慨地把名物茶具送给取得功绩的家臣及町众，受领的一方也以之为最大的荣誉。泷川一益想从信长那里拜领名物"珠光小茄子"，未能如愿而叹惋的轶事众所周知。

天正十年（1582）四月，泷川一益提出拜领"珠光小茄子"作为讨伐武田氏军功的奖赏，然而实际得到的并非那个茶叶罐，而是被任命为关东管领并被授予了上野的领地。关东管领的职位对于东国武士而言只是名誉职务，泷川一益为此沮丧，向茶友们慨叹，茶道的神佛也不保佑他了。

而且，即使家臣常常从信长那里幸运地拜领了名物茶具，然而

---

❶ "三日月叶茶壶"，可译作"新月叶茶壶"。"三日月"，新月、月牙、峨眉月。
❷ 町众，室町时代，在京都、堺等都市构成"町"的商人、手工业者。町，城镇、集镇、市镇。

在实际举办茶会披露那一名物的时候，进一步得到信长的许可是必须的，所以召开使用名物的茶会之事，是无上的名誉。据说荣获这一名誉的，只有信长嫡子信忠、明智光秀、佐久间信荣、羽柴秀吉、野间长前、村井贞胜六人。信忠是作为继承人看待的，其他五人则是得到了特别的奖赏。

把茶道具赏赐给立了战功的家臣，允许家中❶的部下在茶会上使用被叫作"许❷茶汤"，事后秀吉竟然评论信长的做法为"茶汤御政道"。以名物茶具的赏赐和茶会的许可为恩赏，对于信长而言，只是简单统治家臣们的"御政道"❸手段。那是效法了足利将军家以唐物装饰房间作为威信财、赠与财，或者也可以说是超过那种方法的积极的唐物名物的实际应用方法。信长安土城的三层构造以足利义满的金阁为模型，也有信长梦想着当上义满那样的"日本国王"的说法，在将唐物作为威信财、赠与财而有效地利用方面，信长也是与义满共通的。

不过，在历史舞台上受到正统派重视的唐物茶道具，也或许可以说是已近余晖。因为，在信长于本能寺之变被暗杀的同时，多数名物茶器也遭到烧毁，由此促使了唐物器具的价值相对化。

---

❶ 家中，诸侯的臣下。
❷ 许，在此意为许可、准许、批准。
❸ "御政道"，御，敬语表现；政道，即政治之道、施政方法。

第五章 茶道和天下人

从信长御物到太阁[1]御物

尽管信长是在政治上最大限度地利用了茶道，其实最后的最大茶会，就在本能寺之变的前一天举行。

信长特意从安土城将大量的名物运进本能寺，将大友宗麟和博多豪商的岛井宗室作为主宾举办了茶会。并且，神谷宗湛以及正好在场的四十余名朝臣也同在一席。当时公布的茶具目录（《仙茶集》"御茶汤道具目录"）流传了下来，可知信长御物之中，确实集结了多达三十八件的名物。由于《信长公记》中所记载的名物茶道具有五十五件左右，可知搬进本能寺的名物之数近其八成，是到破格程度的数量。"御茶汤道具目录"列举主要物品为：

茶叶罐：付藻茄子、珠光小茄子、圆座肩冲、势高肩冲、万岁大海

天目：绍鸥白天目、犬山香月天目　茶碗：松本、宗无、珠光茶碗

---

[1] 太阁，正式名称为太阁下，指将摄政或关白的职位让给子弟的人物。敬称"殿下"，招呼时称"太阁殿下"。

台：数之台❶二张、雕漆龙台　香炉：千鸟❷香炉　花瓶：货狄❸、芜无、筒瓶青瓷

唐绘：赵昌的果子画、玉润古木和小玉润、牧谿的慈姑、濡鸟

盖置❹：开山五德　水罐：切桶、同返花、缔切

釜：宫王、田口

全是以唐物为中心的绝品，即使在所谓的"信长御物"之中，也都是各式各样重要的物品。

然而，这么多的物品在第二天早晨发生的本能寺之变中，也基本化为了灰烬。据说在本能寺过夜的岛井宗室和神谷宗湛，进入前一天举行茶会的书院，仅仅拿出来了装饰着的玉润的枯木绘和空海的《千字文》。另外，"付藻茄子"也从废墟中被发现，成为秀吉所有。得知本能寺之变的秀吉，发起速攻，灭掉了明智光秀，其后不限于"付藻茄子"，开始竭力再次收集信长御物。

秀吉最初喜好的名物，据《信长公记》记载，始于因天正四年（1576）七月安土城修建之功绩，从信长那里拜领了牧谿的《洞廷秋

---

❶ 数之台，茶器名物名称。

❷ 千鸟，鸻、白鸻。

❸ 货狄，或作"化狄"，中国古代传说中的黄帝之臣。

❹ 盖置，茶道用具，搁放釜盖或柄杓的用具，用古铜、竹、木、陶器之类制作。

月》。翌年十二月，秀吉因进攻但马、播磨的功绩获赠"乙御前釜"。为了展示这两件名物，秀吉在天正六年（1578）十月第一次举办了茶会。

特别让秀吉感激的，是天正九年（1581）因攻占鸟取城之功劳，信长在给予但马金山的同时给了八种名物茶具。秀吉那时颇为感动，写道："今生后世感激难忘。"

然而，秀吉模仿信长若要进行"茶道御政道"，首先收集存留下来的信长御物，必须让世人知道他是信长的接班人。秀吉依靠自己搜寻的名物和以德川家康为首的诸大名、富商等的进献品，得以达成这一目标。尽可能地收集信长及其家臣世传的名物，这些约占了后来被称作太阁御物的收藏品的四成。

天正十一年（1583）九月，在大坂城举办了秀吉及诸家珍藏的收藏品展示会。翌年十月又在大坂城的茶会上，陈列与信长有因缘的名物茶具，邀请了织田家的旧臣。两年后的三月，秀吉在信长的墓地大德寺举行盛大的茶会，邀请了堺、京爱好茶道之人一百五十名。

在这样的机会中，秀吉披露了至彼时收集的名物茶具，夸示自己是名副其实的信长的继任者。其中亦包含许多唐物的名物茶具，正是保证秀吉的政治立场的东西。天正十五年（1587），九州大名秋月种实把信长渴望却未能得到的唐物茶叶罐"楢柴肩冲"进献给了秀吉，连同"初花肩冲"和"新田肩冲"，东山御物中曾被称作"天下三肩冲"的名物也全都聚齐到了秀吉身边。

不过，与信长只收集继承东山御物血统的唐物茶具相对，秀吉还热衷于千利休的侘茶，也培育出了新的茶道及名物茶具谱系。天正十一年，秀吉在大坂城内布置了两张席子的茶室，常常享受着侘茶茶会。另一方面，他对豪华灿烂之物的向往也很强烈，把那个黄金茶室带入宫中的小御所❶，给正亲町天皇及朝臣们献了茶。"侘"的志向和"豪华"的志向在秀吉身上，并不矛盾地共存着。

图 5-14　褐釉四耳壶

秀吉还爱好被称作吕宋壶（图5-14）的壶类，这些来自中国南部民窑、经由吕宋（菲律宾、西班牙领）输入之壶，成为新的名物。秀吉垄断了与吕宋的贸易，得到千利休的协助，给予吕宋壶"上中下"的等级，还附上铭记，鼓吹灌输其作为名物之命运。并且，为了天正十五年十月的北野大茶会，他还收集备前烧及濑户烧❷（图5-15）的水壶、濑户天目之类的和物（图5-16）。

众所周知，千利休作为秀吉的茶头而活跃，他受高丽茶碗触动，

❶ 小御所，有几种意思，在此当是京都御所内的宫殿名，位于清凉殿东北。
❷ 濑户烧，爱知县濑户市及其附近所产之陶瓷器的总称。平安后期开始轮制生产灰色无釉的小碟子、小钵；镰仓时代除了灰色釉之外，还烧制米黄色釉器物；室町时代多用天目釉；江户时代中期衰退。

图 5-15　濑户烧水壶，一重口　　　图 5-16　菊花天目茶碗

委托长次郎❶制作的今烧茶碗（乐茶碗）成为当时重要的茶具。武野大茶会翌年成书的《山上宗二记》中，有唐物茶碗不再流行、当世的高丽茶碗及濑户茶碗、今烧茶碗受欢迎这样的记载。可以说，秀吉通过自身的审美意识及利休的鉴赏力，创造了新的名物。

秀吉的名物茶具，虽然从数量上来说有三百二十七件，超出了信长御物，但并非以唐物为中心，而是扩展到了更大的范围。从信长御物到太阁御物的过渡，是唐物与高丽物、吕宋物、和物的共存，也可以说是向多国籍御物的转换。

---

❶ 长次郎，乐烧的始祖，受千利休指导，制作独特的恬寂茶碗。乐烧，铅釉陶器，京都产，有红、黑两种，丰臣秀吉赐"乐"金印给与长次郎共同工作的田中宗庆，其后以"乐"为家号。

图 5-17 《大坂城　大坂夏之阵图屏风》(局部)

秀吉死后，太阁御物经过大坂冬之阵、夏之阵❶（图5-17），被吸收到了德川家康身边。那个时候，家康不像秀吉那样执着于名物茶道具，而是将名物作为赠与财，毫不吝惜地用于政治。

从家康向柳营御物

家康本来不怎么对茶道有兴趣，据说他喜好围棋。不过，在继秀吉统一天下之前，家康好像就非常懂得茶具的价值。由《德川实纪》中围绕家康的记录《东照宫御实纪》，来看看"初花肩冲"和"投头巾肩冲"这两件唐物茶叶罐的去向。

唐物茶叶罐名物"初花肩冲"，是反复被提及的天下三大肩冲之一，是在《德川实纪》中最初出现的名物。"初花肩冲"原本是东山御物之一，足利义政用《古今和歌集》恋四中的"红色初花所染之色，深思之心岂我忘哉"（深深怀念着你的心绪，好似用红色的初次开放之花染成的深色，难道我是可以忘记的人吗？）之意命名，是来历

---

❶ 大坂之战（1614—1615），江户时代早期消灭丰臣家的战争，包括大坂冬之阵和大坂夏之阵。大坂冬之战，庆长十九年冬（1614年11月）德川家康进攻丰臣氏大坂城之战，同年12月和议；大坂夏之阵，元和元年夏（1615年5月）德川家康灭丰臣氏之战。大坂即今天的大阪，在代表武士时代结束的明治维新时，忌于"坂"字可拆为"士反"，讳"武士造反"，明治三年（1870）更名为"大阪"。

清楚的最高级唐物。"初花肩冲"不久为信长所有，后来与其他十种茶道具一起转让给了其嫡子信忠。天正五年（1577）末，为祝贺信忠就任三位中将❶而给予了他，也是织田家继承者显赫的证据。

然而，天正十年（1582），信长的后继者信忠被明智光秀灭亡后，家康通过松平念誓得到了"初花肩冲"。这个唐物茶叶罐，家康于本能寺之变的翌年，为祝贺秀吉贱岳合战的胜利而赠送给了秀吉，让秀吉甚是高兴。

对于秀吉而言，得到信长传给信忠的"初花肩冲"，具有被认证为信长合法继任者的意义。秀吉以宫中茶会为首，在重大的茶会上常喜欢用这件名物。秀吉死后，此物虽然为宇喜多秀家所有，不过在关原合战之后再次归家康所有。

就这样，在争天下的诸侯之间，家康将这件成为权威象征的"初花肩冲"作为大坂夏之阵的奖赏赐给了孙子松平忠直。忠直最初并没有加入战斗，被家康叱为"日本第一胆小鬼"。以此为耻，忠直在翌日的战斗中击败真田幸村等，最先进入城内，立下战功，因此被授予了"初花肩冲"。与此同时，他还被将军秀忠授予了"贞宗的御差添"❷。凭借这些褒奖，忠直朝臣洗刷了"日本第一胆小鬼"的污

---

❶ 三位中将，在此指近卫中将晋升为三位中将。中将，相当于四位，古代日本左右近卫府次官中介于大将、少将之间者。

❷ 贞宗的御差添，贞宗所制之刀的看护人，即将贞宗所制之刀赏赐给了松平忠直。贞宗，镰仓末期相模（日本旧国名，现在的神奈川县大部分，相州）的刀匠；差添，看护、照料、服侍等意。

名，获得了成就天下第一武功的荣誉。

"初花肩冲"直至落入家康之手，经历了信长、秀吉等人，作为最高层之人的权威象征而被留存。信长让给嫡子，秀吉在自己的茶会上用其夸示权力，未曾舍弃"初花肩冲"。另一方面，家康并未那么执着于名物，而是将之作为奖赏，给了虽是孙子也是家臣的松平忠直，战功荣誉波及其血统亲属。在秀吉身边曾经是最高权威象征的"初花肩冲"，通过家康之手，成为主仆之间的最高褒赏，变成了用于构筑信赖关系的物品。

《东照宫御实纪》中，虽然另外还有"虚堂墨迹""莲花王茶壶""四圣坊肩冲"这样的唐物之名，但那些也是作为奖赏的故事。"虚堂墨迹"是南宋末期临济宗僧侣虚堂智愚的墨迹，赏赐给了池田辉政。作为奖赏，产地在中国南部的"莲花王茶壶"给了近江国膳所❶城主户田一西，被称作"四圣坊肩冲"的唐物茶叶罐给了土佐城主山内一丰。

那么，《德川实纪》中出现的另一件著名唐物茶叶罐"投头巾肩冲"（图5-18）的情况又当如何呢？"投头巾肩冲"最初是村田珠光所有之名物。其名称的由来，据说是由于其制作过于精美，使得初次看到这件茶叶罐的珠光赞叹得扔掉了头巾。由珠光归于女婿宗珠之手，经过奈良屋又七、千利休、秀吉，成为家康所有之物。

---

❶ 膳所，滋贺县大津市的一个地区，临琵琶湖南端西岸。

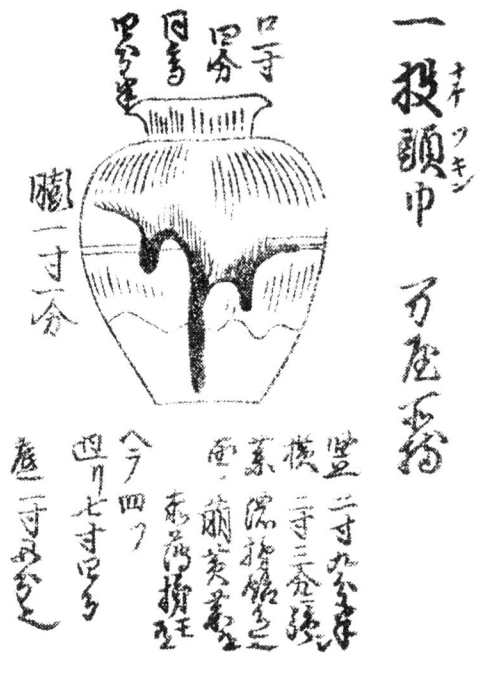

图 5-18 茶叶罐"投头巾"示意图

庆长十七年（1612）三月，居于骏府城的家康前往江户城之际，由于受到秀忠的殷勤款待，家康把曾被村田珠光珍爱的名物"投头巾肩冲"赠送给他。"初花肩冲"，被赠给了虽是孙子也是家臣之人。对此，"投头巾肩冲"的情况，是父亲授予儿子，是作为和将军职位后继者的信赖关系的证据而赠送的。在此意义上，也可以说，"投头巾肩冲"在德川家完成了"初花肩冲"在织田家的信长和信忠之间所完成的任务。

其实，家康此时还带来了与"初花肩冲""新田肩冲"并称天下三肩冲的"楢柴肩冲"，让秀忠在"投头巾肩冲"和"楢柴肩冲"之间选择其一。据说当时，秀忠没有选择"楢柴肩冲"，毫不犹豫地选择了和村田珠光有因缘的行家嗜好的"投头巾肩冲"。

就是说，二代将军秀忠比家康更热衷于茶道，更为重视茶会及茶道具。据说秀忠发明了茶室御成，即将军询问臣下之际通过组织茶会，将宴会仪式逐渐简略化的方法，可见其对茶道的喜好。

通过这样的方式，从家康向二代秀忠的继承之名物，到了三代家光的时代，其内容更为充实。这些收藏品被称作柳营御物，记载在《柳营御物集》中。柳营是指将军的阵营或其居所的词语，不过另一种说法认为柳营是内大臣的唐名，在德川家，由于家康在关原合战胜利之时就任内大臣之位，故而其作为吉祥之名而充当了幕府之名。

虽然柳营御物来自诸大名进献品的数量很多，但将军赏赐给诸大名的也不少，故而实际时常流动。另外，秀吉死后，古田织部及小堀远州之类武士门第出身的爱好茶道之人创造了全新的名物茶具，加上这些柳营御物，在继续吸收太阁御物的同时，亦呈现出不同的面貌。

第六章

平民梦寐以求的舶来品

——南蛮物、荷兰物的扩大

进口的天球仪和地球仪

家康的"御分物"

前一章追溯了家康与茶道用具的关系，那么在家康的遗物中是否还留有茶道具以外的舶载品呢？

经查阅，其遗物并非限于茶道具，中国及朝鲜的物品也有很多，主要是以唐物及高丽物的薰香器具、文房用具为首的许多上色的中国陶瓷食器以及唐绢、唐布、唐缟、高丽缟❶等绢布类。此外，还有麝香、龙脑、牛黄、人参、蜂蜜、朱砂、犀角、虎骨之类从南方带来的香料、药材。家康有严重的药癖，由于他自己配药服用，故而也留下了配药用的工具。

另一方面，家康也拥有各式各样的欧洲的物品。久能山的东照宫里，保留有据说是墨西哥总督赠送给家康的西班牙制座钟、眼镜等。而且，在日光和纪州的东照宫中，还分别传世有家康持有的精巧的南蛮胴具足（图6-1）❷。

---

❶ 绢，白绢。唐缟、高丽缟，当分别是唐、高丽的白绢。而日文"缟"或"缟もの"，分别是条纹、条纹布或条纹纺织品之意，即日语汉文中的"缟"，可能与原著后文中的东南亚的"缟もの"或"缟"不是一回事情。故而，译文中涉及中国、朝鲜的"缟"字，不作翻译；而将东南亚的"缟もの"或"缟"译为"条纹纺织品"；至于"英国缟""荷兰缟"之"缟"，因无法确认其意，均未翻译。

❷ 南蛮胴具足，即来自南蛮的铠甲。南蛮，室町到江户时代对吕宋等南洋诸岛的称谓，或经由其地舶来日本的西欧的人或物，亦冠之于珍奇、异风之物名；胴，躯干，腰身；具足，即甲胄、铠甲。

另有在分配家康遗产之际制作的账本《骏府御分物帐》，家康去世的时候，遗产的大部分分给了尾张、水户、纪州的德川将军直系三家，那些物品即是"骏府御分物"。据转让账本记载，南蛮舶来的物品中，有下述物件：

> 武具：南蛮胴具足、南蛮剑、南蛮筒（铁砲）
> Vidro❶（玻璃）：镜、仙盏瓶（模仿波斯银器的水瓶）、酒杯、德利、花入、皿
> 皮革：羊、海獭
> 眼镜
> 钟表：日晷、沙子表等
> 望远镜
> sabāo❷（石碱）

图 6-1　南蛮胴具足

---

❶ Vidro，葡萄牙语，玻璃别称。室町末期，来到长崎的荷兰人传授了制法。
❷ sabāo，葡萄牙语，石碱，即肥皂。

鲸尺❶

葡萄酒

绢布：英国缟、荷兰布、荷兰缟、天鹅绒、罗纱

由此可知，家康这位掌权者拥有许多舶来的唐物、高丽物还有南蛮物，物品多国籍的状况亦可见一斑。

那么，家康是通过怎样的途径得到这些舶来品的呢？到此为止尚未提及的来自欧洲的"南蛮物"，是如何运送到日本来的呢？稍作回溯，来追寻一下南蛮贸易及继其之后朱印船❷贸易的开展、继而走向闭关自守的道路。

南蛮贸易的开始

最初南蛮贸易的开始，始于天文十二年（1543），葡萄牙人搭乘中国海商王直的船，漂到了九州的种子岛。种子岛领主时

---

❶ 鲸尺，一种尺子，主要用于民间量布，1鲸尺合曲尺1尺2寸5分，约合37.9厘米。
❷ 朱印船，日本近世初期，凭借盖有红色官印的公文，得到渡航海外的许可。德川家康之时，活跃于与安南、吕宋等东南亚诸国的贸易。有角仓船、末次船、末吉船等。

尧，购买了葡萄牙人带来的铁炮❶，让家臣学习制造方法。以此为开端，铁炮迅速普及到了全国。

另一方面，天文十八年（1549），耶稣会传教士弗朗西斯科·德·泽维尔（Francisco de Xavier）也应葡萄牙王委托而赴印度果阿，进而从那里渡到日本传基督教。泽维尔在京城的传教虽然失败了，不过在山口（大内氏）、丰后（大友氏）的领地内成功传道。据说泽维尔第二次谒见大内义隆之际，进献了望远镜、洋琴、座钟、钻刀玻璃❷水瓶、镜子、眼镜、书籍、绘画、小铳，令义隆甚为欢喜。

由于葡萄牙人的贸易与耶稣会主导的天主教传道密切相关，所以到日本的贸易船，也选择在保护基督教的大名的港口进港。元龟二年（1571）作为港口城市开埠的长崎，领主大村纯忠向耶稣会布施之后，葡萄牙船每年都从那里进港。这一时期，还输入了种子岛铳、生丝、眼镜、烟草、药品、南瓜、西瓜、玉米、土豆之类。

❶ 铁炮，日本战国中期由葡萄牙商人传入日本的一种前镗装的火绳枪，后经名匠种子岛时尧改善并得以批量生产，也逐渐在战国战争中成为主要的火器。这种火枪有很多种，倭人统称之为"铁炮"。

❷ 原著中为荷兰语 diamant 的日文发音，本意为金刚石，亦为玻璃或玻璃工艺的旧称。由于使用金刚石切割玻璃，这种切割工艺被称为钻刀工艺，进而可指玻璃本身。译文中为了区别荷兰语和葡萄牙语的玻璃工艺，将日译荷兰语 diamant 的"ギヤマン"译为"钻刀玻璃"，而将下文中出现的日译葡萄牙语 vidro 的"ビードロ"直译为"玻璃"。

此外，葡萄牙于弘治三年（1557）获得中国澳门的使用权，随后以澳门为据点，在中国、葡萄牙、日本三国开始商品贸易。葡萄牙船首先开往印度果阿，经由马六甲靠岸澳门，将此前装载来的欧洲银货、橄榄油、葡萄酒以及南海产的香料、药材等，换为向日本出口的中国制生丝、绢织物之类的高价商品，到长崎进港。

当时的贸易代价钱财是日本的白银，交易之后，葡萄牙船乘着秋天的季风返回澳门。就是说，中国制的生丝、绢织物和日本白银的交换，是南蛮贸易的基础。然而，并不仅限于此，来自葡萄牙的稀奇物品得到特别夸奖，忽然就掀起了南蛮热潮。

天正十二年（1584），西班牙商船来航平户，也开始了贸易。西班牙开拓了经由墨西哥的太平洋航路，以吕宋的马尼拉为据点，继葡萄牙之后进行贸易。西班牙船带来了以中国制的生丝为首的金、铅以及前一章提到的秀吉爱好的吕宋壶等。

信长、秀吉的南蛮嗜尚

由于葡萄牙人的贸易是与耶稣会传道相配合的，织田信长也准许传教并优待传教士，结果基督教在畿内各地传播开来。信长虽然对基督教本身没有什么兴趣，但是对欧洲的技术、知识、文化等甚为关注。到耶稣会在安土修建的神学院（Seminario[❶]）访问即其一例，据说天正九年（1581）十一月，信长在神学院听西洋音乐，看到乐器、钟表之类的欧洲新奇文物而提出了问题。

弗洛伊斯的《日本史》记述，信长嗜好来自葡萄牙、印度的服装，人们进献给信长的南蛮物品中有绯色外套（斗篷）、附着羽饰的天鹅绒帽子、带圣母像的金质奖章、科尔多瓦（西班牙）的革制品、钟表、毛皮外套、威尼斯玻璃器。还有金平糖[❷]，作为弗洛伊斯与信长初次见面时奉送的糖果而有名。

另外，信长还将从弗洛伊斯那里得到的南蛮进口的赤地牡丹唐草文天鹅绒洋套赠送给了上杉谦信，这被认为是日本最古老的天鹅绒古物。此外，作为信长嗜好南蛮物品的轶事，有说他戴着南蛮帽子（毛毡制的帽子，图6-2）指挥筑城的故事。在天正九年正月的马揃[❸]盛典上，信长身着以唐冠为首的效仿中国皇帝的盛装，让人们大为惊讶，不过他也穿着南蛮舶来的猩红色罗纱（毛织物）和用唐锦做的靴子。

秀吉和信长一样，也嗜好南蛮物。用波斯挂毯制成的穿在铠

[❶] Seminario，荷兰语，意即神学院。耶稣会教育机关，天正八年（1580）意大利人 Alessandro Valignano 在有马、安土设置。
[❷] 金平糖，是片假名词"コンペイトー"的汉字书写，葡萄牙语"confeito"的音译，与英语里的"confetti"同源。
[❸] 马揃，集合军马检视其优劣、检阅操练和演习以鼓舞士气的仪式。

图 6-2　南蛮帽子

甲外的无袖外套（图6-3），就保留在与秀吉之妻北政所❶有因缘的高台寺中。那是织入了狮子、羊、小鸟等图案的绚烂多彩的物件，如实地表现出了秀吉讲究排场的浮华。大坂城里有挂着多达数十件红色外套的房间，还搁着几张折叠式的床，当是秀吉日常喜爱的物品。另外，好像秀吉还喜欢吃鸡蛋、牛肉之类的食物。

关于秀吉的南蛮嗜好，在他身边担任翻译的葡萄牙修道士 J. 罗德里格斯（João Rodriguez）有所讲述。据罗德里格斯记载，在为了出兵朝鲜而集合到名护屋（现在的唐津）的武将之中，没有不穿葡萄牙服装的。武将们穿戴着带有罗纱的防雨斗篷、披肩、披风、领子上做出褶皱的衣服、短裤、无檐帽等（弗洛伊斯《日本史》第五卷）。

---

❶ 北政所，属于摄政、关白之妻的政所，亦作为对其妻的敬称，后来大臣、大纳言、中纳言之妻亦用之；特指丰臣秀吉正妻高台院。政所，家务管理所、庄园管理所等。

图 6-3　鸟兽纹样缀织阵羽织

秀吉于文禄三年（1594）在吉野的观樱之宴上，还命诸将穿上南蛮服装，他们的姿容也被描绘在了《丰公吉野花见图屏风》（图6-4，细见美术馆藏）上。

图 6-4 南蛮屏风 右扇

秀吉的强硬外交

然而，正当南蛮贸易隆盛之时，秀吉却于天正十五年（1587）发出天主教禁止令，驱逐传教士，只准许进行贸易。由此可以说确定了一边禁教，一边却推进贸易的时代之方针。第二年的天正十六年，基于海贼取缔令，秀吉取缔倭寇，一面强化海上控制，一面奖励商人们与南方开展贸易。与此同时，秀吉压制耶稣会，同年垄断收购来到长崎的葡萄牙船的生丝，并想包购庆长二年（1597）从吕宋岛到长崎的商船、翌年由马尼拉到长崎进港的西班牙船上的吕宋壶。

秀吉还企图代替明朝，在亚洲建立以日本为中心的国际秩序，展开了催促南方诸国朝贡的强硬外交。天正十九年（1591），派遣使者到吕宋的马尼拉总督跟前促使其进贡，然而这一交涉虽然达五年之久，最后却没有取得成果。文禄二年（1593），他还企图派遣使者到高山国（台湾）促使入贡，亦未能实现。

最初，秀吉以"入唐"（征讨明朝）为目标，于天正十五年（1587）通过对马❶的宗氏，要求朝鲜入贡且作为入明的先导。

---

❶ 对马，日本旧国名。九州和朝鲜半岛之间的岛屿，现在是长崎县的一部分。

由于朝鲜没有遵从其要求，秀吉在文禄元年（1592）出兵征讨朝鲜。此即所谓文禄之役，日本军队一开始居于有利地位，然而由于朝鲜水军的抵抗以及明朝的参战变得不利，最终日本军队想要讲和。

但是，对于秀吉希望明朝割让朝鲜一部分土地的要求，数年后明朝的回信中完全未提及此事，由于只有以秀吉为臣下的"（封尔）为日本国王"（图6-5），秀吉极为愤怒。和平谈判破裂，庆长二年（1597），日本再次向朝鲜派兵十四万（庆长之役）。不过，翌年八月，由于秀吉去世，日本军队不得已撤退。

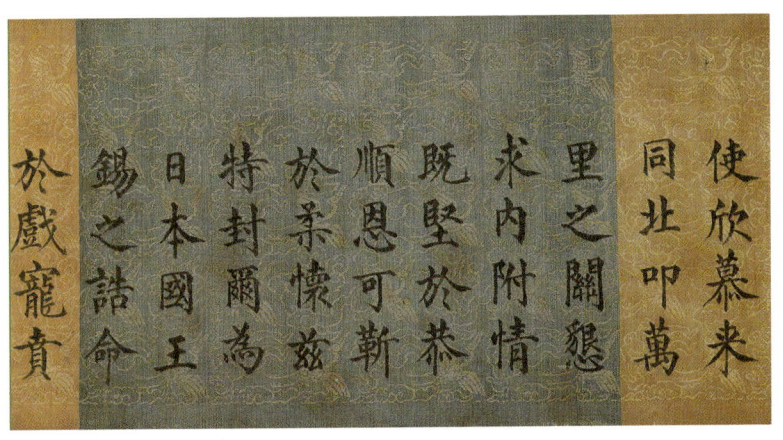

图 6-5　"为日本国王"明王赠丰太阁册封文

家康的亲善外交

秀吉死后，家康居于决策地位，开始贯彻亲善外交的方针，转变了想依靠武力把日本作为亚洲国际秩序中心的秀吉强硬外交的方针。首先，针对朝鲜出兵问题，家康派遣使者到朝鲜，促使讲和的使节来日。纡余曲折之末，朝鲜派遣了使节。之后，他又与明朝交涉讲和，并重启勘合贸易，然而明朝没有反应，交涉失败。

家康开展亲善外交的基础，是朱印船制度。所谓朱印船，即持有"异国渡海朱印状"这种渡航证明书的船只，虽说是秀吉所创设的，然而家康使之大大发展。

家康重视作为通商对象的西班牙领地吕宋，于庆长三年（1598）和五年（1600）分别派遣使者，提议确立朱印船制度、西班牙船的浦贺来航及与墨西哥的贸易。其结果是，从1601年开始，日本每年可派数艘朱印船，往来于吕宋马尼拉和长崎之间。

他还向柬埔寨、暹罗（泰国）、帕塔尼（马来半岛）等东南亚诸国派遣使者，确立了外交关系，施行了朱印船贸易。那以后直至宽永十二年（1635），竟有三百五十艘以上的日本船只得

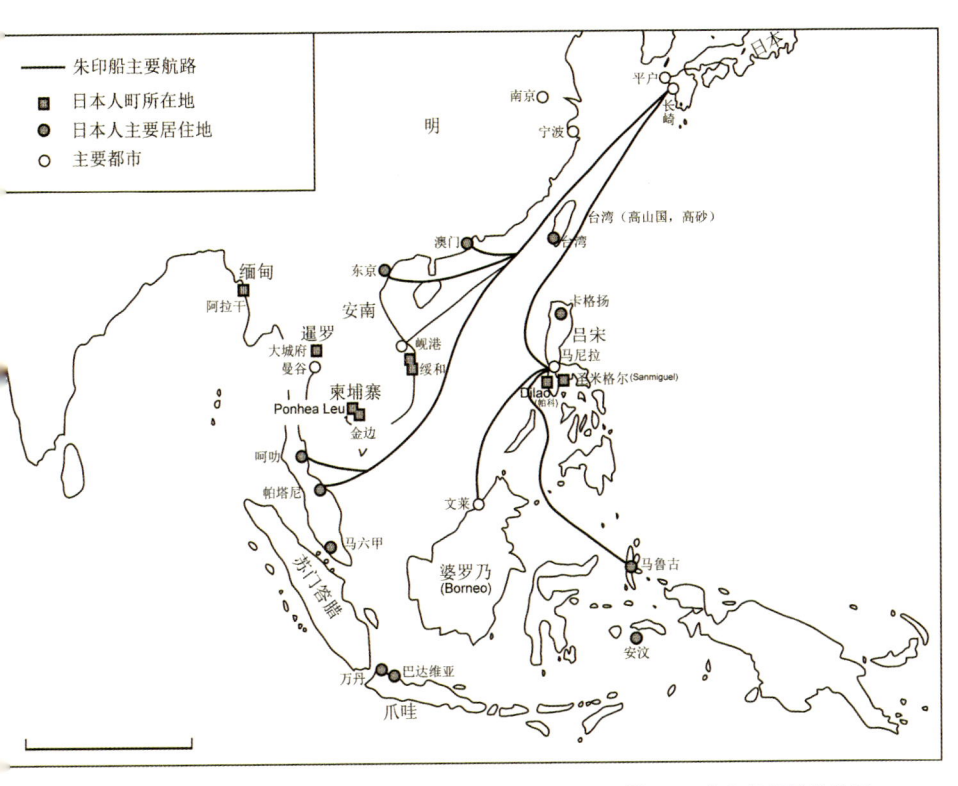

图 6-6 朱印船贸易的地图

到朱印状,航行到中国台湾、东京❶、暹罗、柬埔寨、吕宋等地,在各地也出现了日本人的街巷(图6-6)。

---

❶ 东京(Tongking),越南北部的旧称,中心城市为河内。

南蛮贸易的末期和荷兰的抬头

由于庆长十四年（1609）来航的荷兰船要求正式通商，家康准许通商，给予了朱印状。荷兰在平户开设商馆，不久以台湾为基地取得中国（明）的生丝，与日本交换白银的贸易也进入轨道。

另一方面，英国也于庆长十七年（1612）在平户开商馆。不过在日本卖出去的，并非英国人期待的英国毛织物，而是中国制的生丝及绢制品。不久，英国商馆馆长理查德·科克（Richard Cocks）想要得到生丝，但被中国商人李旦蒙骗，遂于元和九年（1623）关闭英国商馆，匆忙从平户撤退。

进而，翌年宽永元年（1624），幕府禁止西班牙船来航，断绝了贸易往来。原来由于荷兰、英国谴责竞争对手葡萄牙、西班牙的基督教传教不过是征服诸国的手段，故而幕府加强了对天主教的压制，转向了闭关自守的锁国体制。

宽永二年（1625）开始，幕府对为贸易而渡来的葡萄牙人进行管制。葡萄牙人被隔离在长崎的出岛，为了禁止其从事与传道关联的活动而将其置于严密的监视下。幕府还发出锁国令，进一步强化了对相关贸易的管制。然后，以岛原、天草之乱为时机，宽永十六年（1639），幕府禁止了葡萄牙船的来航，完成了锁国体制。

翌年，请求重开来日贸易的葡萄牙使节多半被处刑，南蛮贸易濒临终结。宽永十八年（1641），平户的荷兰商馆转移到了已成空地的长崎出岛。出岛的荷兰商馆，从荷兰方面而言，是设置在巴达维亚（雅加达）的荷兰东印度公司的分支机构。

还有，关于和中国的贸易，如前所述，家康虽然希望与明讲和并复活勘合贸易，但未能完成，那之后也没有两国之间的通商。但是在宽永八年（1631），七八十艘唐船来到九州，走私贸易盛行。不过，通商窗口更进一步强有力地被限定在了长崎。中国也不例外，宽永十二年（1635），幕府禁止日本的海外渡航和海外的日本人归国，此时，规定唐船也全部在长崎进港。

那时，唐人宅邸尚未修建，唐船一进港长崎，乘员就分散投宿到市内的旅店。通过唐船来日的人数，在元禄元年（1688）据说高达九千人以上。不过，幕府为了监视基督教的传入，防止白银通过走私贸易流出，从1688年开始限制唐船每年来航不超过七十艘，设立了唐人宅邸。1689年唐人宅邸建成后，幕府禁止中国人在其他场所投宿。

锁国体制的确立

通过宽永十二年（1635）禁止日本人渡航海外以及同十六年（1639）禁止葡萄牙船来航等命令，日本确立了所谓的锁国体制。不过，除了在长崎与荷兰、中国通商之外，也与朝鲜、琉球有国交，与阿伊努人的交易也继续进行。

为此，最近不再使用锁国这一说法，日本开有四处口岸，被认为是开始实施了像中国那样的"海禁"（国家垄断对外关系）政策。这四处口岸分别是长崎—荷兰和中国、对马—朝鲜、萨摩—琉球、松前—阿伊努人。

不过，长崎与其他三处口岸性质不同。与其他三处口岸，即对马藩宗氏、萨摩藩岛津氏、松前藩松前氏等通过大名的对外关系相对，长崎的性质是基于长崎奉行和居住在此处的商人的合作体制的对外贸易，处于幕府的管理之下。幕府欲极力统制与荷兰、中国的贸易输入量及价格，还想取缔走私贸易。

与荷兰的贸易带来的是中国制的生丝、绢织物、白砂糖、香木、药材、胡椒、鲛皮之类。后来的时代，是来自东南亚的印花布、条纹纺织品、在荷兰本国编织的加入金丝、银丝的纺

图 6-7　《日清贸易绘卷》中在长崎贸易的物品

织品、白砂糖，这些是被称作"本方荷物"的正式货物。

　　此外，被称作"胁荷物"的个人用贸易品，有玻璃制品、装饰品（耳环、戒指等）、文房用具、钟表、眼镜、药物（特别是藏红花）之类。而叫作"誂[1]物"的，是将军家、幕府、长崎奉行、长崎的市镇老人的订购品，还输入了书籍、钟表、眼镜、药品、医疗器械和其他器具。通过这些输入品，日本塑造了以荷兰为首的西洋形象。

　　与中国船的贸易带来的物品，也以生丝、纺织品（锦、缎子等复杂的绢织物、木棉、麻）、砂糖为主，其他还有皮革、中药、书籍等（图6-7）。附带说一下，从日本输出的是银、铜、

---

[1] 誂，原著中注音"あつらえ"（"ashurae"），意即"订做"。

金（小判）❶、海产品之类。向中国和荷兰贸易的输入品全都是奢侈的消费品，这造成金、银、铜等大量流出，让幕府常常甚为苦恼。

荷兰商馆馆长们的记录

可是，荷兰商馆馆长（甲比丹）不仅与贸易相关，每年还向幕府提出"和兰风说书"。所谓"和兰风说书"，即是甲比丹汇集欧洲各国的情报，荷兰通词❷（通译）将之翻译成日语，最初的目的是为了得知葡萄牙等欧洲各国的动向并防止传教士的潜入，不过不久成了珍贵的海外情报（图6-8）。同样，唐船进港之际，以乘务员的口述及文书为基础的唐通事写成的"唐船风说书"也是重要的海外情报。

而且，总数达六十人的荷兰商馆馆长，每年春天必须将进献物品运送到江户来拜谒将军。宽永十年（1633）以降，江

---

❶ 小判，日本天正（1573—1592）年间至江户末期使用的椭圆形金币，一枚相当于一两，或称一两判。

❷ 通词，日文读作"つうじ"（"tsuji"），汉字可写作"通事""通词""通辞"。

图 6-8 出岛荷兰商馆遗迹

图 6-9 肯普弗❶《日本志》甲比丹礼拜将军图

❶ 肯普弗（Englebert Kaempfer，1651—1716），德国人，博物学家，也受雇于荷兰东印度公司（VOC），是继荷兰医生 Willem Ten Rhigne（1647—1700）之后又一位将针灸介绍到欧洲的重要人物。

219

户参府❶成为每年一次的定例，虽然从宽政二年（1790）开始改为四年一次，即便那样，到嘉永三年（1850）竟持续了一百六十六次。

芭蕉的俳句中也有"阿兰陀又在花季来，备鞍于马乎"（《江户蛇之鲊》），意为"荷兰商馆之一行又和樱花的季节一起来到了，我等莫若亦置鞍马往赏花乎"。还有芭蕉在前一年所咏"甲比丹亦蹲于谒君之春"（《俳谐江户通町》）之句。"甲比丹"即荷兰商馆馆长，"君"指将军，三月初一拜谒将军之际，虽说是甲比丹，也得趴下似的进出，不得不让额头压在地板上（图6-9）。

甲比丹给将军的进献物品，除了天鹅绒和呢绒、印花布、波斯绒毯等大量珍贵的纺织品之外，还有枝形吊灯型灯笼及地球仪（本章首）、八音盒钟之类。同时，他们向幕阁们赠送礼物也是惯例，据说元禄四年（1691）三月进入江户的一行人将"中国、孟加拉以及其他国家或地区的绢布类数匹、亚麻布、黑哔叽、黑呢绒、条格平纹布、西班牙制红葡萄酒一瓶"送到了各自的公馆。

甲比丹经常投宿的旅馆，在江户是长崎屋，在京都是海老屋，在大坂是长崎屋，被称作"阿兰陀宿"。在"阿兰陀宿"，为了避开看热闹的人群，甲比丹逗留在被隔离的连窗户都很小的房间里。与此相反，甲比丹一行人一出现在江户的大街上，

---

❶ *参府，江户时代，大名之类到江户参觐或到幕府所在的江户。在此，当是指甲比丹到江户之事。*

旁观的人群就十分拥挤，为此不得不用十至二十人的武士来充当警卫，好让看热闹的人群走不到前面。

平民观看外国人行列的机会，除此之外还有朝鲜通信使的来访，不过那是只有在将军换代之际才有的稀少机会，与此相对，甲比丹的江户参府每年都有，可以说是犹如每年定例仪式的身边之事。这挑起了平民对外国事物的好奇心，无疑构建形成了日本国民憧憬荷兰物的根基。

"兰癖将军"吉宗

通过与每年来江户的甲比丹的会面，收获最多的将军是八代将军吉宗。

吉宗，以朴素俭约为宗旨进行财政改革这样的印象为人所熟知。他又于享保五年（1720）赶走唐船、取缔走私贸易等，这些容易使人产生他对贸易是持消极态度的印象。然而，其实他是开明的，对西洋文物及文化也甚为关心，并致力于将之引进日本的人物，因之被称为"兰癖将军"。吉宗喜欢天文、历法、地理、博物学等应用科学的学问，富于进取精神，还想颇为有效地利用西学。

此外，爱好用枪打猎的吉宗，对马匹及马术也甚为关心，享保二年（1717），他询问逗留在江户的甲比丹奥埃尔（Joan Auer），在荷兰是否用鹰捕鸟，以及是否有好看的大马之类的问题。吉宗还从将军家的藏书库红叶山文库拿出约翰尼斯·乔斯顿（Johannes Jonstons）所著《动物图说》（图6-10），问奥埃尔是否能将动物的名称翻译成日语。

享保三年（1718），甲比丹江户参府之时，吉宗也重复了同样的要求，他希望他们十月从巴达维亚（雅加达）带来马匹、猎犬等。由于吉宗一再重申他的这一要求，曾经拒绝过他的甲比丹遂于享保十年（1725）带着五匹阿拉伯马来到江户，进献给吉宗。那之后甲比丹也继续进献马匹，合计带来二十七匹。

对于中国马，吉宗也于享保三年向唐船的船老大要求进口唐马两匹和唐马具。据说十月就进口了唐马具，然而由于清朝法律中禁止马匹输出，所以唐马的输入困难重重，吉宗在两年后的享保五年（1720）总算如愿以偿。

享保十一年（1726），马术师凯泽·汉斯约根（Keijser Hans Jurgen）跟随甲比丹来到了江户，当场表演了荷兰马术。据说甚为喜欢凯泽的吉宗，其后派遣富田又左卫门到长崎，让他跟从凯泽学习西洋马术，并把凯泽请到江户予以厚待。凯泽精湛的马术，描绘在《和兰马艺之图》（图6-11）中，富田又左卫门总结在长崎跟从凯泽的训练内容的报告书即是《乘方闻书》。

图 6-10 约翰尼斯·乔斯顿《动物图说》

图 6-11 《和兰马艺之图》

  如此，从马匹及马术的输入来看，可以认为吉宗并不只是出于好奇心，而是出于实学上的考虑来接触舶来品。最明显的事例与书籍相关，吉宗积极从清朝购入书籍，不仅让学者研究，他自己也阅读并将之活用于政策制定及产业振兴。享保五年（1720），除了与基督教相关的政策，吉宗放松了"汉译洋书输入之禁"。这一禁令的放松作为"兰学❹的黎明"而被关注,使得中国、荷兰的科学技术、地志以及明、清法制相关书籍的输入骤增,对吉宗的施政方略也做出了非常大的贡献。

朝鲜人参和甘蔗的国产化

谈及吉宗的政策特征,可以举出对输入品国产化奖励的例子,中国地志的输入亦列其中。由于"汉译洋书输入之禁"的放松,世界农作物地志的输入成为可能,遂得以系统地获得农作物的知识。为了辨别适宜于日本水土的农作物,还进口了种子、苗木、根茎,试着栽培了朝鲜人参。

长崎贸易中最多的是生丝,其次是药材,其中朝鲜人参占居首位。虽然朝鲜人参作为万能之药被极端称赞,然而依赖进口必然导致高价,对价的白银大量从日本流出。吉宗对此也不胜忧虑,遂欲谋求朝鲜人参的国产化。

然而,朝鲜人参的国产化面临着重重困难。首先,在日本栽培朝鲜人参,需要到手的不是干燥了的药材人参,而是种子或参苗,然而最初朝鲜是禁止出口参苗的。

---

❶ 兰学,指18—19世纪日本锁国时代通过荷兰传入日本的西方科学文化知识。

吉宗命令对马藩设法得到参苗。对马藩虽然感到困惑，但还是钻了朝鲜国家禁令的空子，成功走私进口了三棵人参苗。享保六年（1721）十月，送到江户的人参苗让吉宗非常高兴，它们被种植到了小石川药园里，不过这次移植并未成功。

　　享保十二年（1727），对马藩的七棵参苗和种子，还有长崎的中国（清国）商人的三棵参苗和种子被带来，鉴于以前的失败，吉宗未将它们种植在小石川药园，而是栽培到了与朝鲜气候接近的将军领地日光。或许是受到神君家康❶的保佑，种子发芽了，不久长成了美丽的人参。

　　这种人参被称作"御种人参"，不只栽培于幕府直辖地，由于幕府分发种子到各地奖励栽培，所以国产人参的生产量迅速增长。据说在后来的天明时期（1781—1789），甚至到了向中国出口人参的程度。

　　吉宗的这种将输入植物国产化的尝试，并不限于朝鲜人参，他还成功地栽培了甘蔗。对于甘蔗（砂糖黍）❷，吉宗于享保十一年通过长崎奉行和中国翻译，从清朝商人那里收集栽培情报。还从琉球索取来甘蔗苗，尝试在浜御殿❸、江户城内以及武藏国、骏

---

❶ 神君家康，德川家康的尊称。
❷ 原著中为"サトウキビ（甘蔗）"，"サトウキビ"的汉字即为"砂糖黍"，因将"サトウキビ"翻译成了甘蔗，故将此处的"サトウキビ（甘蔗）"改作"甘蔗（砂糖黍）"。
❸ 浜御殿，江户时代至明治时代浜离宫之别称。承应三年（1654）甲府藩主德川纲重填海建造，后因其子供纲丰（家宣）当上六代将军，遂改名浜御殿成为将军家别邸。

河、长崎栽培。此外，吉宗还让家童矶野政武查找树液的提炼方法，于享保十二年成功制造出了黑砂糖。

与栽培朝鲜人参的方法一样，吉宗将甘蔗苗分发给其他领地及大名，鼓励种植，开始在全国范围栽培。吉宗还让下属根据舶来的中国地志及其他类书编成甘蔗栽培的辅导书，积极主动地致力于砂糖的国产化。其结果卓有成效，半个世纪之后，与朝鲜人参一样，曾是主要输入品的砂糖，也变得可以部分自给了。据说，文化十年（1813），江户砂糖的七成已经是国货了。

就这样，吉宗不仅收集舶来品，还集中有用的关于舶来品的情报，通过国产化试验的措施，锁国的同时，摆脱了依存海外贸易的经济。

晋谒天皇的大象

上面的话题拓展到了吉宗及其对植物、本草学的关心，在此再回到与动物相关的话题。若说起吉宗与动物，比阿拉伯马更有名的，是引进越南大象的事情。

吉宗就任将军之后，立即从红叶山文库拿出乔斯顿的《动物图说》来阅读之事已在前面提及，《动物图说》中除了阿拉伯马,似乎还有大象的图像。享保十年(1725)五匹阿拉伯马的进献,翌年观看凯泽的马术,吉宗对马匹的执着也已经满足,好像延伸到对大象的关心。

那么,大象是如何来到江户的呢?听到吉宗想引进大象的风声,享保十一年(1726)十二月,一位名叫吴子明的唐船船老大提出进献大象。虽然吴子明于翌年四月开船到了长崎,不过最终带来大象的,是叫作郑大威的船老大的船只,这已是享保十三年六月的事情了。郑大威运来的是七岁的雄象和五岁的雌象,两名江南人(越南人)驭象者也一起抵达。《唐兰❶船持渡鸟兽之图》(图6-12)中绘有雌雄大象,据说那是大象刚到达时的画像。然而,遗憾的是,雌象于九月因舌头疖子而死去了。

翌年,雄象终于被牵到了江户。虽然亦曾讨论用海路运送大象,不过由于用日本的小船来运送大象是危险的,故而选择了经陆路运送。

二月,勘定奉行在长崎至江户的大道沿途发布告,详细发出了就用作大象饲料的大量食物及水的指示,以及不要让旁观大象的观众激动吵嚷这样的警告。在万事俱备之时,雄象于三月十三日开始从长崎出发。以一天五六里这样宽舒的行程,途经下关、兵库、大坂,经过约一个半月,好不容易于四月二十六日入京。

抵达京城的大象,即使在名誉上也要拜谒中御门天皇和灵

❶ 唐兰,前文中均翻译为中国、荷兰,在此因是专有名词,故未翻译。

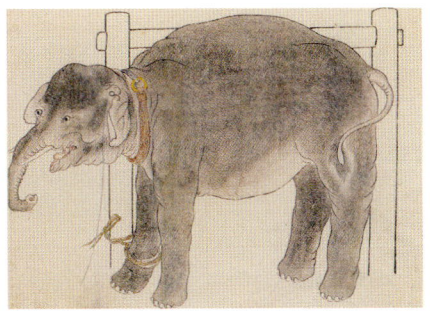

图 6-12 《唐兰船持渡鸟兽之图》

元上皇。然而，由于无位无官者不得拜谒天皇，故而大象被授予了从四位的官位，叫作"从四位广南白象"。不过，就大象的位阶问题，从不见于《江户名所图会》（1836）以前的记录中的情况来看，也有观点认为这不过是假说。总之，四月二十八日大象终于进宫晋谒天皇，并被领到了上皇之宫。据说装扮漂亮、脸上涂上了白粉的大象，在拜谒之际弯曲前足并垂头敬礼，然后饮酒数斗，吃了馒头、蜜柑各百余个。

那个时候，以大象为题的诗歌络绎不绝地被吟咏，中御门天皇吟咏的诗歌也留传到今日。

时于九重见他国之兽，甚悦。

大象晋谒天皇的场景，后来被筑前的画家尾形探香绘入了画卷（图6-13）。大象从长崎至江户沿途确实是一件大事，故而留在了人们的记忆中。

图 6-13　尾形探香《象之绘卷》，大象途经之地和中御门天皇参观大象的画卷

翌日，从京都出发的大象，经中山道❶出名古屋，下东海道。途中，在箱根过夜时生病，暂时停留后，于五月二十五日进入江户。从长崎出来，竟已是第六十二天了。雄象在江户市内缓步前行，照旧受到了观众的热烈欢迎，随即被收容到了浜御殿。

然后，两日后的五月二十七日，吉宗得以与期待已久的大象见面了。吉宗在大厅门廊观看从樱田门进来的大象之后，诸官员及女佣们也观看了大象。据说其后吉宗又于六月九日在浜御殿、二十一日在江户城的西之丸召见大象，甚是快活。翌年享保十五年（1730）六月十二日，吉宗亦在城内观看大象。然而，同月月末，虽然他想要转让已经完成任务的大象，然而由于没有收养人，只好就那样将大象饲养在浜御殿。

享保十八年（1733），为了宣传用大象粪加工成的叫作"象洞"的药品，中野村的农民源助等贷款，让大象暂时成为供人观赏的稀罕物。然后，在宽保元年（1741）四月，大象又被转让给了源助等。据说源助在四谷中野村盖起大象小屋，让往来之人观看并收取观览费。可是，或因源助的管理不善，翌年十二月大象病死，结束了二十一岁的一生。然而，好像源助在其后还将象骨作为稀罕物让人参观，现在称为"驯象之枯骨"，中野的宝仙寺中还遗留着一具象牙。

---

❶ 中山道，江户时代的五街道之一，经本州中部内陆一侧的道路，从江户的日本桥到草津宿（现在的滋贺县草津市），在草津宿与东海道汇合。或称"中仙道""仲仙道"，亦作"木曾街道"或"木曾路"。

平民的"大象狂热"

享保的舶来大象，就这样受到了沿途看热闹的人的狂热欢迎，转让之后，并非只是作为供人观赏的稀罕物，还引发了与大象相关的各种各样的出版热潮。大象进宫晋谒天皇及其前后，京都出版了名为《象志》的书籍，似乎博得了相当大的人气。该书开头有驯象图，还有与大象相关的报道和关于大象的外形、象牙及其习性等记载，可谓是一部关于大象的指南书。

除了用汉文写作的《象志》，还出版了加入平假名改写成通俗的叫作《象之贡品》的书籍。这两册书在大象到达江户之前，就已经在江户的出版社发行了，愈发激起了公众对大象的狂热。在京都还出版了汇集六位公卿的大象之诗《咏象诗》及白梅园的《灵象贡珍记》，继之在江户发行了汉诗集《驯象编》和启蒙书《驯象俗谈》。

《象之瓦版》也出版于大象到达江户之前，尽管只是现在所说的报纸的号外，然而或许其更有影响力。《象之瓦版》是描绘着有胡须的外国人乘坐在背负伞盖的黑色大象背上的绘画，上半部分记载着关于大象巨大身躯及寿命的说明等。另外，大象的图画、泥玩偶、象雕印盒等大象商品也被大量制作，据说卖得飞快。大象热潮不仅发生在其途经的长崎至江户等地，时兴地说，是用媒体炒作来引起大象狂热。

也就是说，吉宗的大象事件，并未停止于让将军的好奇心及自负心得以满足。这与以往舶来大象的本质区别在于，大象本身成了沿途让平民观赏的稀罕物，纪念书籍及纪念商品带动了人气，活动极其成功。后被转让到民间、盖起大象小屋之事，也是前所未有的事情。享保的大象，不仅满足了吉宗对博物学的关心，也大大加强了平民对外国的好奇心及向往。

本来从以前就有的、长崎的甲比丹及朝鲜通信使到江户沿途的盛装游行，也是平民接触异国气氛、欣赏观览的机会。其队伍被绘入绘画，还出版了参考手册。大象的盛装游行，或许被认为只不过是用动物代替了人而已，不过在后世，即便只是在养成平民将外国珍兽作为稀罕物观赏的习惯这一点上，也是划时代的。

江户初期的唐物屋

不过，作为异国文物引起平民关心的其他途径，不能忘记还有将唐物、兰物混合经营的"唐物屋"的存在。接下来，具体来看看基于平民异国嗜尚而出现的唐物屋的历史。最初，唐物屋是在什么时候登场的呢？

如前章所见，室町时代的唐物，虽然主要汇集到了与日明贸易相关的足利将军及有势力的寺院和神社，然而另一方面唐物被用于赠答，也有在市场上出售。特别是室町幕府变弱之后，许多御物被投放到市场上，经过商人之手，通过各种方式流通而去。战国大名到处搜购那些御物，所以当然也有了如信长猎取名物那样的极端事例。虽说介绍唐物买卖的商人活动亦曾在室町时代活跃，不过这种商人在当时并不称为唐物屋。唐物屋在文献中的出现，是从进入江户时代开始的。

据冈佳子氏的研究，了解江户初期唐物屋真实情况的资料，是鹿苑寺（金阁，图6-14）住职凤林承章所写的日记《隔蓂记》。《隔蓂记》是宽永十二年（1635）至宽文八年（1668）的日记，唐物屋登场的数人中，与凤林承章特别有交情的，是太平五兵卫和藤田次郎左卫门。

太平五兵卫是主要经营濑户、京烧、备前等和物陶瓷器的商人，与之相对，藤田次郎左卫门以大坂为根据地，经营唐物、高丽物或安南（越南）等地的输入品，据说其进货路线是长崎－大坂－京都。宽永十一年（1634）十一月，凤林承章通过太平五兵卫，与唐物屋半兵卫会面，他对半兵卫从长崎直接采购来的舶来珍品感到意外。若以《隔蓂记》中所见人物来代表唐物屋，当时

图 6-14　金阁

不仅是经营舶载品的商人，经营纺织品、绘画、包含唐物和物茶器具的商人好像通称"唐物屋"，唐物屋也是器具的出色鉴定家。在京都，似乎住在三条附近的较多。

不过，《隔蓂记》中记载的凤林承章是后阳成院表兄弟这样的高贵出身，与朝臣及幕府的要人也有深交。京都的唐物屋以大名及朝臣为首的上宾作为专门的服务对象。总之，用现在的话来说，唐物屋应当叫作高级美术商吧。唐物屋与这种上宾的关系是，或一起前往其处，或一起去茶会之类，有时还鉴定并出售客人的茶具。

在稍后朝代的天和二年（1682）出版的井原西鹤《好色一代男》卷一中，也出现有与主人公世之助一起前往花街柳巷的叫作濑平的阿谀奉承之辈。由于唐物屋经营的都是高级物品，故而并不在店铺出售，而是前往有钱的上宾那里，有必要奉承谄媚地做生意，出于这样的原委，所以唐物屋似乎也变得有些阿谀奉承。《好色一代男》中，生动地描写了那样的唐物屋的面貌。

西鹤的眼神

在西鹤的名字出现之时，我们来看一眼其作品中登场的唐物屋及唐物。

从唐物屋来看，在《世间胸算用》(1691)卷三中，就有唐物店主、医生、绸缎庄主、儒者及连歌作者陪伴富裕商人观赏加贺金春的劝进能❶的故事。西鹤与《好色一代男》中的濑平一样，是向富人献殷勤的唐物屋中的一员。另外，《西鹤诸国话》(1685)的卷一中出现有唐物屋十左卫门的人物，也是用一两二步❷买下后藤德乘作小柄❸的商人，可见唐物屋不仅买卖唐物，

---

❶ 加贺藩前田家的能乐。金春，即能乐四个流派（观世、金春、宝生、金刚）之一。劝进能，为寺社的劝进而举办的大规模能乐。劝进，劝布施、化缘。

❷ 步，在此为江户时代货币单位，金1两的1/4，银1文的1/10，钱1文的1/10（只用于计算，无该货币）。二分金，江户时代流通的一种金币。

❸ 小柄，即插在短刀鞘外的小刀。

还以买进名作兼作古董商店的买卖。

那样的唐物屋，在长崎是如何采办商品的呢？来看看西鹤描绘商人平时生活的《日本永代藏》（1688）。《日本永代藏》卷四、卷五中记载，京都、大坂、江户、堺的商人在长崎的投标市场寻找唐织、丝、药材、鲛、伽罗、器具这类唐物，由于若买入就必然赚钱，所以他们不惜金钱，不管什么都买入。对于商人而言，舶来品这一事实比它们的品质更为重要。在此意味上，长崎是"日本富贵的宝之津"，那里的投标市场被叫作"宝之市"。

同在卷五中，西鹤还劝告商人在便宜时囤购唐物，看准时机出售即可得利。卷六中记载，堺商人从始祖开始经过五代，虽然是通过预先买下唐物及名物的各种器具、唐织收存到库房中而成了富豪，但并非都是因为在市价便宜之时购入的，还因为唐物也被叫作"古渡"或"时代渡"❶，越成古董价越高。卷三中有故事说，叫"菊屋"的当铺骗取了长谷寺中的陈年唐织户帐❷，将之加工成茶叶罐的布袋而发了大财。

以上是在长崎采购中出售唐物一方的故事，那么，就买入唐物的一方，西鹤是如何评价的呢？《世间胸算用》卷一中评

---

❶ "古渡""时代渡"，意思相同，即早年从外国传来的东西，特别是纺织品、陶瓷器、器物之类，主要是指至室町时代中期的舶来品，被作为贵重物品。

❷ 户帐，亦作"斗帐"，因呈覆斗形得名，帐台之上所覆之帐幔，或安置神佛像之类的佛龛帐帏，多用金襕、锦等漂亮的纺织品制作。帐台，贵人座位或寝床周围立柱垂帐幔之滨床。滨床，贵族寝殿正房中所设休息用的座位。

论道，由于大坂家家户户抢购正月用的伊势虾，故而此物变得不易得到，就像买入唐物那样困难。可见，唐物对于并不富裕的平民而言，应当还是遥不可及的稀罕物品。卷一中还批判说，商人的老婆居然支付两枚银币去穿戴与其身份不符的、用舶来古董锦缎❶制作的腰带，恐遭天谴。

《日本永代藏》卷三记述了一个故事，说因新田开发❷得以成功的一个叫作万屋三弥的人用唐物将宅邸装饰成豪华的中国风格，批判其当受天谴，果然如其所料，那人不久就破产了。卷六中记载说，发明了便携式雨衣而取得巨大成功的叫作三文字屋的商人，是拥有亦不见于京师的"本朝织绢、唐物完备，毛类继猩猩红百间，虎皮千枚、黄罗纱和紫罗纱"等物品的富翁。他们均为只有一代就发财，是暴发户式的唐物收集方法。

以《好色一代男》为首的西鹤的色情书籍中，作为到吉原烟花巷消遣的客人，也屡次述及身着唐物盛装的富裕阶层（富豪）。另外，《男色大鉴》（1687）卷五中批判说，最近连演员也不知分寸地穿着舶来的唐织、金襕、罗纱。从西鹤的作品中，可以感觉到世上万事变得奢侈，作者冷冷地看着那些用唐物打扮的与身份不相称的商人及演员。

---

❶ 原著中为"本缟子"，用洗练的绢丝织出的缎子织品。是与"后练缎子""生缎子"相对之语。绢制的原来叫作本缟子，以前亦称八丝缎；棉毛的称作棉缎。

❷ 新田开发，通过灌溉、堤坝、排水开垦、填海造田而在荒野、三角洲、泻湖、海岸等进行的耕地开发，战国时代末期至江户时代初期积极施行。

因平民而兴旺的唐物屋

其实，关于西鹤所在时代的唐物及唐物屋，还有别的线索。那是正好在《日本永代藏》和《世间胸算用》中间的元禄三年（1690）发行的《人伦训蒙图汇》，保留着关于唐物屋的绘图和说明。《人伦训蒙图汇》（图6-15）是在京都附近出版的、一种记载了各种身份、职业的解说和绘图的像风俗百科辞典那样的出版物，是描绘有唐物屋的最早的图像资料。

其上描画着隔着烟草盆、与衔着烟管的商人客人相对的唐物屋主人的形象，并非《隔蓂记》中出现的那种高级美术商的样子。主人背后，可以看见玻璃器及长颈瓶、卷起来的布料、毛笔之类的商品，图上附有简单说明："买取器物、香具、革、纸、药、墨、笔等众多长崎着岸之物，在商之所所。"

时代稍晚的《摄津名所图会》（1796，图6-16）中，更为详细地描绘着唐物屋的店面。其中描画的是位于大坂伏见町的叫作疋田屋蝙蝠堂的唐物屋，店铺挂着"异国新渡奇品珍物类"这样的招牌。铺子里头做着医疗用摩擦起电机的实验，更深处的架子上摆放着杯子及长颈瓶等被称作钻刀玻璃的玻璃制品。架子前还排

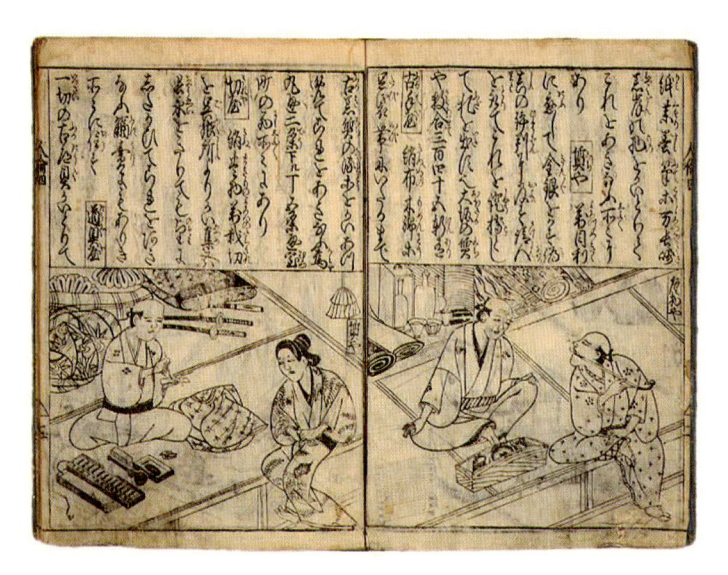

图 6-15 《人伦训蒙图汇》中的唐物屋

列着外国式样的椅子和中国陶瓷器等,还有插着孔雀羽毛的花瓶。

画面右上,用拉丁字母写着狂歌"ワコクニモ　チンプンカンノミセアリテ　カイテヲヒキダ　モクゼンノカラ"(和国中,有珍纷汉纷❶之店,招揽买主,眼前之空),发散着异国情趣。

说起医疗用摩擦起电机,那是平贺源内在长崎居住的时候到手的破损了的医疗用摩擦起电机的箱子,修理之后,安永五年(1776)在江户进行的医疗用摩擦起电机的实验获得成功,从那时起医疗用摩擦起电机的实验迅速流行起来。《摄津名所图

---

❶ 珍纷汉纷,或写作"珍粪汉粪",即"珍纷汉"或"珍粪汉"(亦可写作"陈纷汉""陈奋翰"),意为糊里糊涂、莫名其妙、无法理解之类。

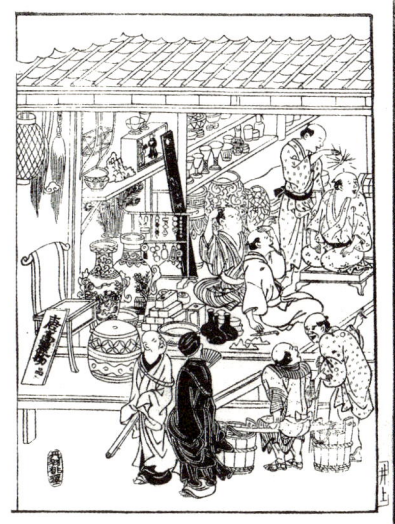

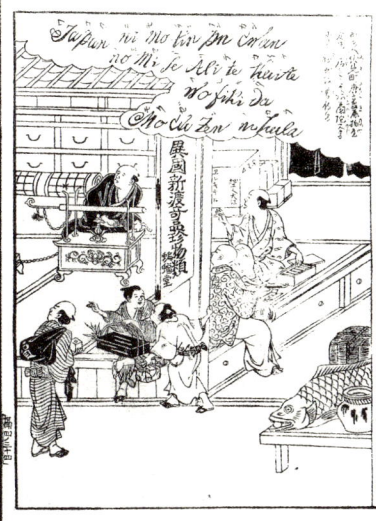

图 6-16 《摄津名所图会》中的唐物屋

会》中也是以医疗用摩擦起电机的实验为中心聚集起许多人，拥挤在唐物屋之中。

《摄津名所图会》中的唐物屋，现在在大阪有可供体验的珍贵空间。"大阪市立住居博物馆　大阪生活今昔馆"（天神桥筋六丁目）即是，第九层的楼面上复原着与实物一般大的《摄津名所图会》中的街道，其中也包含唐物屋（图6-17）。作为经营高级室内装饰及食器之类的洋溢着异国情调的店铺，再现了唐物屋，让光临的人们享受乐趣。

话题回到江户时代，当时，觉得唐物屋稀奇而来的人很多，然而实际上购置的客人似乎并不那么多。或如川柳（杂俳）所

图6-17 "大阪市立住居博物馆 大阪生活今昔馆"中再现的唐物屋

写那样：

  所卖绝非生活之唐物哉（《俳谐口寄草》，元文元年，1736）

  努力非沽名钓誉唐物屋（《武玉川》初篇，宽延三年，1750）

现在也是，即使观看高级品牌店橱窗展品的人很多，然而实际购买的人较少，这也许是共同的现象。

  颇有意思的是，唐物屋的绘画中，与《摄津名所图会》在同一时期发行的黄表纸的《中华手本唐人藏》（筑地善交作，北尾重政画，宽政八年，1796）中最后登场的唐物屋，亦可作为表现当时唐物屋面貌之物。那里陈列着象征异国情调的玳瑁（鳖甲）及孔雀羽毛、描绘西洋男女的油画、洋衣橱、钻刀玻璃工艺器皿等。

《中华手本唐人藏》原来是《假名手本忠臣藏》的谐模文，记载了盐冶判官（相当于浅野内匠头）的家臣们，从和泉国唐物屋的天川屋义平那里买来医疗用摩擦起电机，在竞宝会（珍物会）上惩罚高师直（相当于吉良上野介）的故事。天川屋义平从江户出来，自称"高津屋引兵卫"（即使昂贵也降价之意），唐物屋从开始兴旺，至此故事圆满收场。即使在其途中，荷兰制的小刀及望远镜、传声筒、解剖图、万国图（世界地图）之类相继出现，也是满载兰物。

荷兰嗜尚的流行

如上所述，江户初期的唐物屋以富裕的上宾为对象，广泛以唐物、和物的茶道具为中心做生意；随着时代进展，变得开始将从长崎运送来的唐物和兰物掺在一起出售，特别是兰物的稀奇引人注目，购买阶层也逐渐扩展。而且唐物屋的读法最初也只是"からものや"，到了后来的时代有读作"とうものや""とうぶつや"❶的情况，这或许与兰物逐渐变多有关系。并且，支撑唐物屋的购买阶层扩大的，是平民的所谓荷兰嗜尚。

原来，即使在长崎施行了日兰贸易，吉宗之前顶多是富裕阶层，海外的物品难以渗入平民的生活。然而，由于吉宗"汉译洋书输入之禁"限制的放松，兰学也得以兴盛，关于荷兰的面向普通人的书籍也开始出版。其开端，就是《增补华夷通商考》（宝永五年，1708），刊载有世界地图，介绍了荷兰的地理及商业，因得到好评而多次再版。

而明和二年（1765）发行的《红毛谈》也介绍了荷兰的风俗、地理、动植物等，因初次提到了医疗用摩擦起电机而闻名。稍迟出版的《红毛杂话》（1787），是幕府的御医桂川甫周之弟森岛中良等向普通人介绍桂川甫周与荷兰人会面所得信息的书籍，还有羽毛球运动以及羽毛球和球拍的绘画。另外，还登载着用显微镜观察蚊及孑孓、米、芥子之类的图画。

这样的海外信息也从武士及富裕阶层向平民扩散，明和至天明年间（1764—1789）❷，荷兰物似乎颇为流行。只野真葛的《昔话》（文化九年，1812）中，也提及"其时荷兰物大流行"。

---

❶ "からものや"读作"karamonoya"，"とうものや"读作"toumonoya"，"とうぶつや"读作"toubutuya"，三者汉字均可为"唐物屋"。

❷ 明和（1764—1772），江户时代中期，后樱町、后桃园天皇时期年号；天明（1781—1789），江户时代后期光格天皇时期年号。其间为安永（1772—1781），后桃园、光格天皇时期年号。

杉田玄白的《兰学事始》（文化十二年，1815）中也有"自其时（明和时期）世人总以彼国所持渡之物为奇珍，总好其舶来珍器之类，少闻好事之人，多少取集常爱非无"，同样表现了平民中荷兰嗜尚的流行。

加藤曳尾庵的《我衣》中，记载说安永八年（1779）"硝子细工大流行。钻刀雕，又水晶印等自此时流行。浅草见商卖唐物眼镜类或硝子之店。惣❶体中唐物、荷兰物流行"，讲述了玻璃工艺品流行、浅草出现了出售眼镜及玻璃的唐物屋以及总体上唐物、荷兰物的流行情况。

除了眼镜，玻璃透镜制品的望远镜也被称作"远眼镜"，不仅用来观测天体，还用于观看远方。美人画中，也常常描绘着用远眼镜取乐的美人们。另外，暗箱之中插入画片，用凸透镜窥视、被称作"浮绘"的"眼镜绘"也作为杂耍而流行了。

玻璃制品中，葡萄酒瓶的长颈瓶、葡萄酒杯等受到欢迎，在日本长崎等地制作的仿制品也充斥了市场。

文政年间（1819年左右），还有玻璃工艺品的杂耍物，可见玻璃制品受到欢迎。歌川国贞的绘画中还有这样的描绘，在两国桥对面的大路上，有钻刀玻璃工艺（有切子❷工艺的玻璃制品）

---

❶ 惣，室町时代，庄园解体时期出现的村社。
❷ 切子，一种玻璃冷加工工艺，通过金属砂盘或磨石切割打磨成型。江户时代开始成为日本传统玻璃工艺，色彩鲜艳、纹饰精细，分为江户切子和萨摩切子。

图 6-18　玻璃仙盏瓶　　图 6-19　带有装饰雕刻❶V.O.C❷标记的提行灯

的灯笼和玻璃工艺的荷兰船等观赏物，据说从那时开始流行插玻璃工艺的簪子。附带说一下，钻刀、玻璃均指玻璃器，不过钻刀是荷兰语，玻璃是葡萄牙语的讹音。

到了近世，玻璃制品以长崎、萨摩为首，开始在国内生产（图6-18、图6-19），即通常所说的铅玻璃，尚无制作欧洲碳酸钠石灰玻璃的技术。由于还是舶来的玻璃制品结实而且透明度较高，即使价格较高，但仍被珍视。

---

❶ 原著中为グラヴュール，源自法语gravure。在日本相当于西洋式的装饰雕刻，可译为洋雕、装饰雕刻、洋雕装饰等。是一种高技术的玻璃工艺，通过非常精致细腻的雕刻手法在玻璃表面施加阴影，最大限度地表现出柔和优美的质感。

❷ V.O.C，荷兰东印度公司的简称，荷文原文为Vereenigde Oostindische Compagnie，中文全称应译为荷兰联合东印度公司。

金唐革的改观

此外，作为荷兰嗜尚渗入平民生活的物品，有印花布（印度、爪哇、欧洲产）及条纹纺织品（印度产）等纺织品，美人画中的女性也穿着这样的纺织品。还有，从荷兰运来的白砂糖也是被称作"出岛白"的人气商品，使用砂糖的糕点也特别受欢迎，传授西洋糕点做法的书籍之类也被出版了。正因为砂糖是人气商品，吉宗更加积极主动地推进了砂糖的国产化，这在前面也已提及。

然而，在荷兰嗜尚的流行之中，还有与荷兰本国的使用方法不同的舶来品，其典型就是金唐革。所谓金唐革，是在小牛的薄鞣皮上做出凹凸，再用金泥及金箔等描绘着草花图画的非常豪华的装饰用壁革，16世纪开始在以荷兰为首的欧洲诸国广泛生产，通过东印度公司也被运送到了日本。最初，金唐革及贴有金唐革的镜子被进献给了将军及幕阁，可是在日本由于没有贴墙壁这种用途，其作为商品似乎未能被轻易接纳。

不过，金唐革一被用作烟荷包及荷包等袋状物的原材料，忽然就成了平民的人气商品（图6-20）。郁金香等外国的花卉及

图 6-20　金唐革烟荷包

天使之类的模样，对于许多人而言是具有吸引力的。原来，因奢侈禁令而被禁止过分讲究的人们，通过凝集在烟荷包的构造及原材料上的奢侈而找到了宣泄郁愤的出口。烟荷包的材料原用金银、象牙、珊瑚、玳瑁之类，那时添加了舶来的金唐革、荷兰产的印花布、罗纱、天鹅绒等毛织物等。

而且，在文政七年（1824）的《江户买物独案内》中，出售袋状物的店铺中有将"唐革（金唐革）、唐印花布、唐罗纱"作为烟荷包及鼻纸袋的材料来对待的广告。可见，不限于唐物屋，被称作"渡物"的舶来之物，在这样的专门店亦可入手。

不久，由于金唐革消费的增多，遂尝试国产化，幕府末期和制金唐革开始生产，即使现在还在姬路生产。而且，替代皮革使用和纸的金唐革仿制品的制造，也通过平贺源内的尝试，明治时代以后，反过来成为日本向欧洲出口的强有力的输出品。

快速发展起来的平民荷兰嗜尚的背景中，不能忘记的是，在此举出的玻璃制品、印花布和条纹纺织品等纺织品、砂糖、金唐革之类全部被推进国产化，进而是包含其仿制品在内的荷兰嗜尚、荷兰人气的流行与聚升。

唐物屋的末期

可是，点缀了江户时代平民异国嗜尚的唐物屋，从江户后期至幕府末期似乎数量也减少了。因为，伴随着安政❶的开港，商品采购地点骤然扩大，经营欧美小物件的店铺增加的结果是，生意的性质改变了。所谓小物件，是服饰品、衣料、帽子、化妆品、洋酒、手提包之类。进而到了明治初期，"唐物屋"因明治十二年（1879）东京府的命令，在建立行会之际，变成了"西洋小间物商"。

---

❶ 安政，江户时代末期孝明天皇年号（1854—1860）。

那时唐物屋经营的物品，是纺织品、食品、棉花、铜、铁、机械、钟表、眼镜、餐具、烟草、药品之类。譬如，田山花袋的小说《田舍教师》描写了明治三十年代的风俗，就唐物屋也有"唐物屋中毛线、衬衫、日本式细筒裤之类堆积如山"的描写，由此亦可见其经营的商品内容。另外，唐物屋经营的衣料中，也有帽子、围巾、洋伞、纽扣等。

然而，不久后唐物屋开始分工，各自完成转型，成了专用品商店。夏目漱石也在明治四十四年（1911）八月叫作"道乐和职业"的讲演（据讲演集《我的个人主义》）中指出，现在日本的职业多呈化整为零的趋势，就唐物屋有如下的描述：

> 现在，叫作唐物屋的，直到最近无论什么都卖。领子啦领上装饰品啦或者日本式细筒裤、靴足袋❶、伞、靴，大抵之物均有。不妨说身体上佩戴的所有舶来品都卖。然而到了最近变化了，衬衫屋形成衬衫屋的专营，伞屋为伞屋，靴屋为靴屋，明显分开了。

也就是说，明治末期，经营所有洋装物品的唐物屋衰落了。唐物屋开始分工，分别成为专门用品商店，转变为钟表商、眼镜商、五金商、铁炮商、铁物商、机械商、缝纫机商、石油商、

---

❶ 靴足袋，趾尖分裂成两部分的日本式短布袜。

药品商、西服商、洋纸商、帽子商、针织品商、洋酒商、文房用具商等。

加速其趋势的，是明治时期因皇室等奖励国货，譬如明治九年（1876）开始了毛纺织品的生产。并且，由于第一次世界大战的开战，在来自欧洲的输入品断绝的时期，国内的生产进一步呈现活跃的景象。此时，并非全盘经营舶来品，而是形成了各自成为专营商店来经营舶来品和国货，并开发自己公司品牌的潮流。

试举一例，现在作为童装品牌而有名的"SAEGUSA（三枝）"❶，若说到过去，也是明治初期的唐物屋。据"SAEGUSA"官网，其创业者三枝与三郎曾是英国公使馆的男服务员，于明治二年（1869）在筑地❷外国人居留地附近开张了唐物屋"伊势屋"。据说伊势屋经营的商品，甚至涉及化妆品、鞋、洋布匹、洋伞、油灯、铅笔、食品等。不久，伊势屋从筑地迁移到银座三丁目，开始从英国直接进口毛线。明治三十二年（1899），在银座三丁目新建红砖三层楼建筑的西式房屋，主要商品从毛线转移到了女士和儿童的服装及帽子、遮阳伞及披巾等。

---

❶ SAEGUSA，即"三枝"的日文发音罗马字拼写。

❷ 筑地，本意为填筑地、人造陆地。在此是东京都中央区一地名，位于银座东南一带。因明历大火（1657）之后，填拓低湿地带的人造陆地，故得名"筑地"。明治初年，部分为外国人居住地。

后来，由于大正十二年（1923）的关东大震灾，店铺内部被全部烧毁，以此为转机，伊势屋成为以童装为主要商品的商店，改店名为"银座的三枝"，直至现在。其经营的商品，由于培养出了自己公司的设计师，也得以致力于原创商品的设计制作，脱离了进口商的性质。

通过明治唐物屋代表伊势屋的历史，可以窥视到近代的唐物屋变为进口专营商店，进而向培养自己公司品牌的专用品商店转变的情况。

第七章

从"舶来品"看日本文化

贴贝书柜

唐物的历史

前一章追溯了舶来品从战国时期的南蛮物向朱印状贸易、荷兰物的发展。如"前言"所述，南蛮物及其后的荷兰物，也包含在作为舶来品总称的唐物的范畴之内。在此，想再次概括唐物的历史源流。

古代所说的舶来品，是从遣唐使开始的、以朝贡为原则的通过国家之间的互换之物。来自唐、新罗的舶来品，均首先被以天皇为中心的王权所接纳，由此形成向臣下再分配的体系。

进入平安时代，除了遣唐使，新罗、唐的商人也开始活跃。唐物也被这些海商带来，渗入了贵族阶层。在遣唐使时代被王权控制的唐物，在国风文化的时代逐渐作为贵族及富豪所有之舶来品而固定下来了。在古代曾是应被称作"文物"的、摄取异国文化的精神食粮——唐物，在平安时代作为奢侈品及威信财的作用逐渐强化。

平安的贵族从藤原道长开始，为了保持权力也有必要提升并强化文化权威，为此有效地利用了唐物。对于平清盛而言，通过日宋贸易得到的唐物，既是经济基础，也是为了抑制旧贵族和上皇、以树立平家政权、成为文化霸权的精神食粮。

进入镰仓时代，即由日宋贸易进入日元贸易的时代，流入了更多数量的唐物，在社会各阶层掀起了唐物受容的高潮，茶道逐渐流行。佐佐木道誉等南北朝时期的婆娑罗大名，也在斗茶会上投入了大量的唐物。

经过这一阶段，在足利将军家时期，日明贸易带来的唐物成为赠与财，成了"会所"中装饰的用具。唐物不仅让以足利义满为首的将军家在物质上受惠，且成为其文化上的装饰配备。但是，到了足利义政的时期，幕府的财政困窘，大多数将军家收集的唐物收藏品陷入被迫出售的境地。流出的唐物，譬如作为茶道名物的茶具就流入了街巷。

这样的名物茶具被京都、堺的豪商购买，也有的落入战国大名手中。名物茶具成为特别的赠答品，收集并将之有效利用在政治上的是掌握了天下政权的织田信长。信长毫不吝惜地将名物茶具授予取得战功的家臣及町众，受赠方也以之为最大的荣誉。信长在本能寺身故之后，丰臣秀吉致力于信长茶道具收藏品的再收集。这些包含许多唐物的信长茶道具，确实也保证了秀吉作为信长后继者的政治地位。

秀吉死后，其收藏品又被吸收到了德川家康身边。家康不像秀吉那样执着于名物茶具，但也将名物茶具慷慨地作为赠答品馈赠，实际是将其应用在政治上。

另外，信长、秀吉、家康的时代，南蛮贸易也开始兴盛，南蛮物亦随之流行。特别是信长及秀吉讲究排场，染上南蛮嗜好，穿戴上了天鹅绒斗篷、南蛮帽子、挂毯披肩。

不久，南蛮贸易结束，到了长崎与荷兰、中国通商的时代，唐物屋遂成为连接舶来品和平民的桥梁。唐物屋将从长崎运来的唐物、荷兰物混同在一起出售，特别是稀奇的荷兰物引人注目，购买阶层也逐步扩大。

就这样，唐物从执政者及统治者或富裕阶层的威信财，扩展到了平民阶层。

尚古爱好和新渡物品

以上，粗略地回顾了唐物的历史，就各章中并未展开的内容或尚未触及的部分，拟再作简单的概括。虽然其情况复杂并且涉及诸多方面，在此，将论点尽可能地集中起来试作提示。

首先，收容唐物之时的嗜好，即喜欢其所处时代之前一个时代的物品的倾向。换句话说，是尚古嗜好的问题。

回过头来，再对前一章所见西鹤《日本永代藏》中的菊屋故事稍作详细观察。菊屋是伏见的贫穷当铺，却突然开始信仰长谷观音，多次往来长谷寺。然而，其真正的企图，却是想要骗取围绕佛像的古董唐织户帐。不久，菊屋以帷帐即将磨破为理由，说要捐献从京都订购的新金襕，巧妙地骗取了长谷寺的古董唐织帷帐。然后，通

图 7-1　青花菱马水罐

过撕开名物加工成茶叶罐的布袋之类的行为，发了大财。虽然新金襕是和制的可能性也很大，然而即使假定是舶来品，也比不上"古渡"唐织的价值。由于年久的物品较为稀少，故而具有古董的价值。

在陶瓷器的世界，江户后期流行的是约两百年前明代末期的陶瓷器，由此出现了向清朝民窑订货让其制作仿制品而输入陶瓷器的现象。明代末期的陶瓷器，是被称作"古染付"的在景德镇民窑烧制的青花瓷器，以及被称作"吴州手"的在现在福建省附近的民窑烧制的东西。那些陶瓷器，在当时虽然由日本的爱好茶道之人订购而制作的较多，然而由于这种青花瓷器从文政年间再次流行，因此进口了仿制品（图7-1）。

爱好古董唐物的故事，亦可见于室町时代。足利十代将军义稙，于明应元年（1492）派遣遣明船之时要求，如若寻找唐锦，不要最近的货物，即使碎布片也可以，希望搜寻昔日的唐锦（《荫凉轩日录》）。

再往前追溯，就是在《源氏物语》中，光源氏也说"锦、绫之类，亦是古物细腻令人怀念"，舶载的年久锦绫优胜（参照第三章）。这是将来自大宰府第弍的进献品的唐物，与以前高丽人（渤海国使节）所赠舶载品进行比较的言辞。

如此，尚古嗜好在平安时代直至江户时代广泛可见，然而无论是"古渡"唐物，还是"今渡"唐物，喜欢古董这种尚古嗜好是因何产生的呢？简单回答甚为困难，当然不能否定古老物品的品质可靠、因为稀少而有价值等因素。然而，应当还可以补充其他的见解。那或许就是，在日本的审美意识及规范意识中，有即与物品本身价值无关的，而是以"更古之物"为好的观点。

在第五章，以义满为首的足利将军家爱好徽宗皇帝及牧谿、梁楷等宋朝绘画，追溯观察了东山御物的构成。然而他们喜欢的并非是同时代的明朝及其前的元朝，而是昔日的宋朝，姑且不谈徽宗，此时受到特别追捧的是牧谿、梁楷这类在本国并未得到很高评价的画家的绘画。可以说，这显示出了"和"文化对"汉"文化是有选择地接受。

总之，在室町时代，较之同时代的明朝更为喜好宋朝的唐物，然而并不能说这种现象只限于这一时代。上溯至平安后期，较之同时代的宋朝，往往以唐朝文物为理想；而推移到江户时代，较之清朝，也有更加喜欢明朝文物的倾向。

这种"古物嗜尚",源于何处呢?对于其背景的正确把握,本书是力所不及的。其中,或许还隐藏着游牧民族统治的元、清也被唐、宋、明等汉族的王朝蔑视的这种所谓华夷思想的问题。无论如何,爱好一个时代之前的王朝文化的这种倾向,作为包含唐物在内的日本文化及思想的全部,当有必要更进一步深入思考分析。

话虽如此,不过"古渡""时代渡""昔渡"这种喜欢已往舶来品的尚古嗜好,也并未覆盖唐物文化史的全部。即便是被称作"新渡""今渡"的新的唐物,也是稀少而优质的,并且若与审美意识契合,亦有可能十分受欢迎。其中,南蛮嗜好、荷兰嗜尚的舶来品也是新奇的物品,可以想象其被极端称赞。若只限于锦绫等唐织物、房间装饰以及成为茶道具的茶碗、花瓶、绘画来说,依然不能否定尚古嗜好。

和制的唐物

对待历史时期的唐物时,我们面临应如何从文献中抽取唐物资料的问题。舶来品在输入之后,就是有用的,并且如若可以简单地制作仿造品,那么在国内生产的可能性就很高。这样形成的和制唐物与外来唐物本身难以区别的问题,是一个从古代就存在的问题。

此外，附加有"唐"的词语中，唐绘、唐柜、唐衣之类，与其说是唐物，不如说是指中国样式，而且是和制的也很多。例如，《万叶集》中出现的"韩带"并不是日本式的腰带，尽管无疑是大陆传来的腰带样式，然而那或许是舶载品，也或许不是；也可能是来自朝鲜半岛的渡来人或者日本人在国内生产的。是唐物，还是和制的唐风物品，是非常难以判断的。

舶载唐物与和制唐物难以区别，唐物与和制唐物在价值上如何区分也是一个问题。一般来说，由于舶载唐物稀少，具有更高的价值，所以富裕阶层享受舶载唐物，而无法得到舶载唐物的阶层甘愿使用和制的二流仿造品（唐风物品），这形成了鲜明的对照。

然而，随着时代的推移，技术也得以提高，和制唐物的品质理所当然也有提高。室町时代的唐物等级书籍《君台观左右帐记》（参照第五章）诸批注本中，可见"和汉之看法为肝要""和汉之看法因其物口传而难申"这样的言辞。从"和物与唐物的辨别为肝要""和物与唐物的鉴别方法因品物非口传则难"这种言辞可以看出，在那个时代，是唐物还是和制的，难以鉴定的现象就已很普遍。反过来也可以说，正是在和制唐物的增加使得真赝及价值变得难以判断的时代，必然会出现《君台观左右帐记》这样的鉴定指南。

因此，若有不逊色的和制唐物，那么选择它们也是可能的。就像德川吉宗的时代那样，可以国产化的东西依靠和制物品，倒是减少了舶来品的输入量，出现了防止对价的金银铜流出的动向。

图 7-2　秋草莳绘提重

  由于和制唐物的技术进步，也有反过来变成日本出口品的物品。螺钿工艺品就是其中最突出的例子。如第一章所举的正仓院螺钿紫檀五弦琵琶那样，本来螺钿技术是唐代通过遣唐使而传来的。然而，逐渐被日本化，到了宋代的时候，反过来变成受中国欢迎的输出品。在南蛮贸易时代，据说使用螺钿（例如贴贝书柜，本章首）和莳绘❶（图7-2）技术的各种物品甚至向欧洲大量出口，博得了好评。

  另一方面，即使明确是从海外传来的物品，是在日本加工而成的也有很多。其典型就是平安时代的薰香，尽管材料全部是进口的香料，

---

❶　莳绘，即泥金画、描金画。

然而加工是在日本进行的。其调香，既有被称作"唐之合薰香"的中国传来的调香法，也有适应于日本审美意识的，这在第三章已述及。

唐物的日本式转化

在唐物文化史中，更加需要注意的是，即便是舶来的唐物，在日本出现了与在其本国不同的使用方式而被赞扬的事例。由此可以发现，唐物在日本国内独特的受容和被赋予价值的问题。

如在第六章所见，江户时代长崎输入的金唐革，虽然在欧洲是用作建筑材料及家具的，然而因其价格昂贵，在日本国内遂将之零碎地用于烟荷包及荷包之类，为平民所好，这也可以说是一个唐物之日本式转化的事例。

室町时代的唐物茶叶罐，也是其典型事例。在中国不过是盛香油的小壶，在室町时代成为高价的茶道具，"付藻茄子""初花肩冲"之类加上日本式铭记，增加了其品牌力量，使其在茶道的世界成为权威。

茶道具中还有一个，作为在本国没有价值却在日本发现了其价值的例子，那就是曜变天目茶碗（图7-3）。《君台观左右帐记》中，曜变天目茶碗是陶制茶碗中首屈一指的有着很高评价的物品。它是南宋时期制作的茶碗，黑釉茶碗的内壁上有大小的斑纹，其周围显

图 7-3 曜变天目茶碗

现有琉璃色的虹彩，宛如满天星斗，充满了神秘的美感。

环视世界，曜变天目也只在日本有三件，全是日本的国宝。在其产地中国却完全没有遗留，似被嫌恶。就此谜团，有彭丹氏的分析。之所以在中国没有留下曜变天目，是因为窑变是由于无法预测窑中的变化而出现的，从阴阳五行说的观点来看是不吉利的征兆，因此一出窑就会马上被销毁。

就是说，现存的三件曜变天目，出于某些原因才勉强免于被毁坏，通过海商被带到了日本。而且，虽然在中国原来是窑变天目，不过在日本叫作"曜变",连同名称也换成了具有光辉意思的美丽名称,作为足利将军家的御物而被重视,这也可以说是唐物在日本国内被赋予独特价值的事例。

位处"日本之中的汉"的唐物

以上粗略地回溯了尚古嗜好、和制唐物、唐物的日本转化,需要再次思考的是,日本文化中的和汉结构图,以及其中唐物所处位置的问题。按照日本美术史上常说的和汉二重构造,再稍作整理。

以室町的美术为专业的岛尾新氏,就日本美术中的和汉结构图,作成下图(图7-4)。

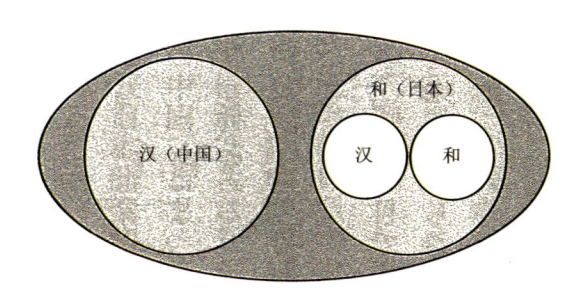

图7-4　和汉结构图(基本型)

关于平安时代，

公（汉）——汉诗、汉字（真名）、唐绘

私（和）——和歌、假名、大和绘

本书第三章指出了这种在公、私世界分别使用和、汉文化的现象，将之置于汉（中国）与和（日本）的对比中，以套匣结构如图7-4表示。

基于唐风文化的日本化而成熟的"和"的文化，在日本产生了"汉"与"和"的对比意识。这与其说是在原本就有的日本＝"和"的文化之上，添加了"汉"的文化，不如说是从已覆盖世间且高度完成的"汉"之中，"和"被再次创造，与此同时完成了"和"与"汉"成对出现的和汉结构图。

必须注意的是，此处"中国之中的汉"和"日本之中的汉"虽然关联，然而并不等同。譬如前面的唐物茶叶罐、曜变天目，在日本和中国的评价有所不同，就是"中国之中的汉"不等于"日本之中的汉"的典型事例。另外，喜欢一个时代之前的唐物这种倾向或也与"日本之中的汉"这一问题相关。并且，岛尾氏就和汉结构图指出：

该结构图的特征，是将外在的先进文化"汉"＝中国，向"和"＝日本之中引进。由于其在"和"＝日本之中更进一步与"和"成对，构成中国文化圈的"和""汉"，与组成日本的"和""汉"，形成了相似形。其最大的象征功能，就是包含外在的"汉"＝中国的"世界构造"的表象，生成恰似在"和"＝日本中固有的印象。"和汉结构图"涉及东亚的周边文化，其中将东亚包进去如同为了制造幻想的装备。

可以认为，在和汉文化的对称型构造中，唐物包含和制唐物、唐风物品，作为体现日本之中的"汉"的文化配备起着作用。换言之，"汉"的雏形是唐物、和制唐物、唐风物品这样的次序。

岛尾氏还认为，足利将军邸的房间装饰中的会所＝唐物和寝殿、常御所＝和物，即和汉成对出现的结构图，夸大一点说，将军府邸内含东亚，是为了制造幻想似的东西。

若如此，时代上溯，圣武天皇为了天平胜宝四年（752）的大佛开光供养会而大量制作唐朝式样的屏风，嵯峨天皇将之从正仓院借出，是否也可以同样重新审视呢？据《国家珍宝帐》记载，光明皇后在圣武天皇殁后，向东大寺（图7-5）捐献了达百件以上的屏风。嵯峨天皇从其中出藏了以山水画屏风为首的唐国图屏风、大唐古样宫殿画屏风、唐古人屏风、唐女形屏风等合计三十六件屏风。这些屏风上共通的，就是都描绘着中国古今宫殿及名胜风景、人物之类。

图 7-5 东大寺

那种被认为是在日本制作的唐朝样式的屏风,对于圣武朝及嵯峨朝而言,抑或可以说,正是作为边缘文化的日本文化制造包含东亚幻想的文化场景。

原来唐物包含和制的、王权及统治者的威信财的历史,因此,唐物不只是珍贵的,而且常常体现日本之中的"汉",是浅显易懂的文化上的配备。唐物的品牌性及外来性,就是那样起着作用的。

不一定限于足利将军家,所谓统治者的权威性,不只是日本之中的"和",也不只是"汉",而是掌握两者、在显示威力之际理应有的理想类型,唐物就是效力于这种环境的物品。

被引进"日本之中的和"的唐物

然而,唐物包含和制的,并不只是体现日本之中的"汉"("唐")原素。关注日本文化中的和汉结构图的美术史研究者千野香织氏同样指出:"通过准备'和之中的唐'这样的受容场所,没有威胁'和之中的和'这样的以前的美术,日本根据情况,可以只摄取喜好的新来的绝对高级的外国美术。(中略)并且新摄取的美术一经消化吸收,就转向与以前的美术融合'和之中的和'这样的状态,'和之中的唐'这样的场所,当然就再次产生了摄取新来的美术的余地。正是因为摄取外来的美术及文化而巧妙更新的这种结构,'和之中的和',虽然常常转化,却得以顽强地幸存了下来。"

在此,指出"和之中的'唐'"所容纳的外来美术,并非一直保持不变,而是与以前的美术相融合并向"和之中的'和'"移动,这一点甚为重要。由于"绝对高级的外国美术""新来的美术"也被认为还是"唐物"的一部分,所以从理论上来说,唐物有作为"日本之中的汉"而起作用的情况,也有被日本文化消化吸收并向"日本之中的和"转移的情况。这种和汉的位置转换及重组,也是岛尾氏所关注的。

输入的、后来成为主要输出品的螺钿工艺品亦是如此,《源氏物语》中薰香呈现出日本化的面貌。从唐代引进的炼香制法并继续发展的薰香,作为"唐之合薰香",并非只是继续在"日本之中的汉"之中,而是转化为日本式的香,也有六种薰香那样的与四季配合灵活运用的情况。黑方、梅花、荷叶、侍从、菊花、落叶这六种薰香,表现出日本的审美意识和季节感,可以说也是唐物的加工品转而成为"日本之中的和"的典型例证。

"消解和汉界线"再考

更为复杂的是,被确定为"日本之中的汉"的地位的唐物,与被摄入"日本之中的和"的唐物的界线也并不清楚,常是模棱两可的。

第五章所见的村田珠光的"消解和汉界线之事,肝要肝要,乃必须用心之事也",可以说也是以其模棱两可为前提的言辞。此处珠光的论点,并不是认为在茶道具中唐物占上位、和物居下位,而是应当消除唐物与和物的界线,将其作为具有对等价值的茶道具来对待。而且,这也接近了唐物与和物茶道具本身的实质。

珠光说出这种话的依据,可以举出的一个事例,就是唐物茶碗的制作方法被日本吸收,发展出了备前烧、信乐烧之类的和物。还有一个,则是"日本之中的汉"并非如龙泉窑青瓷那种官窑系的最

"汉"的正统派唐物，而是珠光在像珠光青瓷茶碗那样的民窑产品上找到了价值。珠光青瓷茶碗这种唐物，可以说是位于距离"日本之中的和"最近的东西。这也可以说是在珠光的内部"日本之中的汉""日本之中的和"接近、其界线变得模糊的事例。

　　基于珠光的言辞，就日本的文化史，就可以理解为从平安时代那样的和汉并立转向了室町时代的和汉融合的文化现象。概括地说，在平安时代，存在和汉文化的并立，有在公私世界分别使用的特征；即使到了室町时代义满的时候，和汉文化的并立依然非常显著，在北山殿开始了有效利用唐物与和物对比的室礼；不过从义政的时候开始，唐物与和物的性质逐渐近似，"唐"与"和"的文化关系发生了变化。

　　其实，笔者在思索唐物历史的时候，最初也预设了这样的立场。然而，在仔细追溯唐物历史期间，对于仅用这种一般想法去思索文化史是否可行产生了怀疑。确实，"日本之中的汉"与"日本之中的和"的距离在室町时代看起来是缩小了，然而仅凭这样的脉络也是无法简单地全部掌握文化史的。

　　基于唐风文化的受容而成熟的和的文化，虽然产生了"汉"与"和"的对比意识，然而另一方面，和汉融合不是没有停顿地一直在进行吗？和的文化若继续成熟，和汉并立与和汉融合在何时就自然同时发生了，平安时代也好，珠光以后的时代也罢，都是在重复这一历史。围绕唐物的诸多演绎，正是这种日本文化的历史的真实反映。

图版目录

前言

正仓院正仓

第一章

本章首　木画紫檀棋局（圣武天皇生前心爱的舶来品，正仓院藏）

图1-1　麝香皮（正仓院藏）

图1-2　缥地大唐花文锦琵琶袋（唐代唐花文锦精品，残缺，正仓院藏）

图1-3　红牙拨镂尺正面及背面（仪式用尺，正仓院藏）

图1-4　金银钿庄唐大刀（正仓院藏）

图1-5　平螺钿背圆镜（背面装饰螺钿的镜子，正仓院藏）

图1-6　螺钿紫檀五弦琵琶正面及背面（世界现存唯一五弦琵琶，正仓院藏）

图1-7　平城京（王仲殊著：《中日两国考古学·古代史论文集》"日本平城京平面图"，科学出版社，2005年，第428页图三）

图1-8　着冕服的"圣武天皇肖像画"（东大寺藏，小泉淳作画，2006年）

图1-9　8世纪的东亚地图

图1-10　鸟毛立女屏风（北仓44，第1—6扇，正仓院事务所编：《正仓院宝物》第1册《北仓Ⅰ》第88—99页，《每日新闻社》1994年7月—1997年7月）

图1-11　东征传绘卷（镰仓时代，唐招提寺藏，《鸿胪馆》）

图1-12　兰奢待"黄熟香"（名香沉香，正仓院藏）

图1-13　法隆寺五重塔（奈良）

图1-14　法隆寺梦殿（奈良）

图1-15　黑柿苏枋染金银山水绘箱（正仓院藏）

图1-16　黑柿苏枋染金绘长花形几（中仓177，第4号，正仓院事务所编：《正仓院宝物》第5册《中仓Ⅱ》第91页，《每日新闻社》1994年7月—1997年7月）

图1-17　刻雕梧桐金银绘花形合子（南仓36，第4号盖，正仓院事务所编：《正仓院宝物》第7册《南仓Ⅰ》第69页，《每日新闻社》1994年7月—1997年7月）

第二章

本章首　青瓷花纹碗（越窑，秘色瓷，福冈市埋藏文化中心藏，古代の博多展实行委员会，福冈市博物馆编：《鸿胪館とその时代：古代の博多：鸿胪館跡発掘20周年记念特别展》，2007年）

图2-1 《丧乱帖》(宫内厅三之丸尚藏馆藏)

图2-2 光定戒牒(延历寺藏,"国宝"编纂委员会编、文化厅监修:《国宝》第11册,书迹3,14"嵯峨天皇翰光定戒牒",《每日新闻社》2005年)

图2-3 延历寺根本中堂

图2-4 金银平文琴琴面及琴底(正仓院藏,奈良国立博物馆发行:《平成十一年 正仓院点》,株式会社便利堂,1999年,第44—45页)

图2-5 金薄押新罗琴及其局部(正仓院藏正仓院事务所编:《正仓院宝物》,《北仓Ⅰ》第1册,第60、61页)

图2-6 鸿胪馆出土的中国产瓷器(唐—北宋)

图2-7 鸿胪馆主要遗迹变迁图(鸿胪馆遗迹展示馆)

图2-8 唐船(大宰府展示馆)

图2-9 平安京(王仲殊著:《中日两国考古学·古代史论文集》,科学出版社,2005年,第432页图五《日本平安京平面图》)

图2-10 绀琉璃壶(平安时代献纳给东大寺的玻璃器,正仓院藏)

图2-11 辉夜姬升天(《竹取物语》,国立国会图书馆数码收藏品《竹取物语 中》,第11页,http://dl.ndl.go.jp/info:ndljp/pid/1287148)

图2-12 火鼠皮衣绘画(《竹取物语 中》,国立国会图书馆主页)

图2-13 青瓷水注(越窑,使人联想起道长家族与唐物关系的秘色瓷,京都国立博物馆藏)

图 2-14　博多鸿胪馆遗址出土的伊斯兰玻璃（福冈市埋藏文化财中心藏）

第三章

本章首　《唐纸本素性集》，舶来的唐纸（[公财]❶冷泉家时雨亭文库藏）

图 3-1　清水寺

图 3-2　《粘叶本和汉朗咏集》莲（传藤原行成笔，名儿耶明解说，二玄社，1983年，宫内厅三之丸尚藏馆藏）

图 3-3　《西本愿寺本三十六人家集》顺集（多使用和制宣纸，本愿寺藏）

图 3-4　大宰府展示馆模型

图 3-5　《文选集注》（平安时代，神奈川县立金泽文库保管，称名寺藏）

图 3-6　与高丽相面者相对而坐的光源氏（《源氏物語图色纸贴交屏风》，齐宫历史博物馆藏，http://www.bunka.pref.mie.lg.jp/saiku/da/detail?id=494513）

图 3-7　黑貂皮衣（梶田半古：《源氏物语图屏风》，末摘花［局部］，横浜美术馆藏）

图 3-8　东京锦的茵褥（土佐光信：《源氏物语画帖》，初音，哈佛大学美术馆藏）

图 3-9　梅枝卷薰香合（《源氏物语图色纸贴交屏风》，持有薰香绀琉

---

❶ 公财，"公益财团法人"的简称。

璃壶和白琉璃壶的为光源氏之弟萤宫［中间人物］，三重县立斋宫历史博物馆藏）

第四章

本章首　青瓷香炉（神奈川县立金泽文库保管，称名寺藏）

图 4-1　宋船模型（福冈市博物馆藏，莲尾正博制作，《平清盛：2012 年 NHK 大河ドラマ 50 年特别展》，NHK, NHK プロモーション编 [東京]，NHK: NHK プロモーション，2012 年）

图 4-2　祇园遗迹出土玳玻天目碗，日宋贸易的出土品（神户市教育委员会藏）

图 4-3　（上）钱币（日本银行金融研究所货币博物馆藏）

（下）钱货图（国立公文书馆内阁文库藏，国立历史民俗博物馆提供图片）

图 4-4　《太平御览》宋版印本折本（宫内厅书陵部藏）

图 4-5　藤原清衡像（据毛越寺白王院藏"藤原三代像"，岩手日日新闻社:《岩手大陆》，2016 年，第 4 页）

图 4-6　白瓷水注（志罗山遗址出土，12 世纪后半中国福建省烧制，平泉文化遗产中心藏）

图 4-7　中尊寺本堂（中尊寺编集:《世界遗产　中尊寺》改定第二版，中尊寺发行，2012 年，第 20 页）

图 4-8　中尊寺金色堂（中尊寺编集:《世界遗产　中尊寺》改定第二

图4-9　中尊寺金色堂内阵卷柱宝相华唐草纹（中尊寺编集:《世界遗产 中尊寺》改定第二版，第32页）

图4-10　中尊寺骑狮文殊菩萨及四眷属像（中尊寺编集:《世界遗产　中尊寺》改定第二版，第62页）

图4-11　中尊寺宋版"一切经"《发觉静心经　卷下》及储经用的唐柜（中尊寺编集:《世界遗产　中尊寺》改定第二版，第86—87页）

图4-12　义经图（中尊寺藏，中尊寺编集:《世界遗产　中尊寺》改定第二版，第100页）

图4-13　中尊寺绀纸金银字交书"一切经"（中尊寺编集:《世界遗产　中尊寺》改定第二版，第80页）

图4-14　镰仓大佛

图4-15　新安沉船上装载的陶瓷器（国立光州博物馆藏，国立民俗博物馆编集:《東アジア中世海道：海商・港・沉没船》，每日新闻社，2005年，第26页）

图4-16　金泽贞显书信（奈良国立博物馆编集:《金泽文库の名宝：鎌倉武家文化の精華：特别展》，奈良国立博物馆，2005年，第20页）

图4-17　青瓷花瓶（称名寺藏，神奈川县金泽文库保管，奈良国立博物馆编集:《金泽文库の名宝：鎌倉武家文化の精華：特别展》，第82页）

图4-18　青瓷壶（称名寺藏，神奈川县金泽文库保管，元代，龙泉窑）

图4-19　《慕归绘词》卷八中所绘青瓷花瓶和青瓷香炉（本愿寺藏）

第五章

本章首　《君台观左右帐记》（利用唐物装饰房间的指南书，国立历史民俗博物馆藏）

图5-1　《慕归绘词》中用唐物装饰的会所房间（本愿寺藏，京都府京都文化博物館学芸第二課编集、財団法人京都文化財団発行：《京都の歴史と文化・京都府京都文化博物館歴史展示案内》"会所の室礼（慕帰絵詞）"，財団法人京都文化財団発行、日本写真印刷株式会社印刷，1988年，第42页）

图5-2　牧谿作《远浦归帆图》（《潇湘八景图》之一，京都国立博物馆藏）

图5-3　曜变天目茶碗（家庭画报编：《改装版　决定版お茶の心　茶碗》，"曜变天目"［藤田美术馆藏，国宝］，东京世界文化社，2009年，第18页）

图5-4　东求堂的书斋"同仁斋"（慈照寺提供，《银阁寺：京都・慈照寺》，冈本茂男摄影，每日新闻社，1989年）

图5-5　青瓷茶碗"铭马蝗绊"（东京国立博物馆藏，TEM Image Archives，南宋时期，龙泉窑）

图5-6　唐物茄子茶叶罐"九十九发（付藻）茄子"

图5-7　备前烧火襷（家庭画报编：《改装版　决定版お茶の心　茶

碗》,"火襷"［畠山记念馆藏］,第221页）

图5-8　伊贺信乐烧壶（镰仓时代,《前天藏品名品撰—重要文化财"关之原合战图屏风"和工艺的优品》）

图5-9　珠光青瓷茶碗（村田珠光喜欢的民窑黄褐色青瓷,南宋时期,出光美术馆藏）

图5-10　绍鸥茄子茶入（家庭画报编:《改装版　决定版お茶の心　茶碗》,茶入·唐物·茄子"绍鸥"［汤木美术馆藏］,第30页）

图5-11　初花肩冲茶叶罐（家庭画报编:《改装版　决定版お茶の心　茶碗》,茶入·唐物·肩冲"初花"［德川记念财团藏,重要文化财］,第21页）

图5-12　天明姥口釜（家庭画报编:《改装版　决定版お茶の心　茶碗》,釜·天明［猫］"姥口釜"［藤田美术馆藏］,第161页）

图5-13　白天目茶碗（家庭画报编:《改装版　决定版お茶の心　茶碗》,"白天目"［德川美术馆藏,重要文化财］,第81页）

图5-14　褐釉四耳壶（吕宋壶,彦根城博物馆藏,《一期一会の世界:大名茶人井伊直弼のすべて》,彦根城博物馆编,彦根城博物馆,2015年）

图5-15　濑户烧的水壶,一重口（家庭画报编:《改装版　决定版お茶の心　茶碗》,水指·濑户,"一重口"［古贺健藏］,第224页）

图5-16　菊花天目茶碗（家庭画报编:《改装版　决定版お茶の心　茶碗》,"菊花天目"［藤田美术馆藏,重要文化财］,第82页）

图 5-17 《大坂城　大坂夏之阵图屏风》（重要文化财，局部，《大坂城天守阁》）

图 5-18 茶叶罐"投头巾"示意图（《古今和汉万宝全书七　和汉名物茶入》）

第六章

本章首　进口的天球仪和地球仪（武雄锅岛家资料，武雄市藏）

　　　　天球仪（文化厅"文化遗产在线"，http://bunka.nii.ac.jp/heritages/heritagebig/206691/0/1）

　　　　地球仪（文化厅"文化遗产在线"，http://bunka.nii.ac.jp/heritages/heritagebig/254150/0/1）

图 6-1　南蛮胴具足（日光东照宫藏）

图 6-2　南蛮帽子（日本二十六圣人纪念馆展品）

图 6-3　鸟兽纹样缀织阵羽织（高台寺藏，使用波斯织锦，曾为丰臣秀吉着用，京都国立博物馆编集発行：《特别展覧会　花落のモード——きものの時代》，野﨑印刷紙業株式会社，1999年，第61页图版20）

图 6-4　南蛮屏风　右扇（狩野内膳画，描绘卸货南蛮贸易物品，桃山时代，神户市立博物馆藏）

图 6-5　"为日本国王"明王赠丰太阁册封文

图 6-6　朱印船贸易的地图

图 6-7 《日清贸易绘卷》中在长崎贸易的物品（松浦资料博物馆藏）

图 6-8 出岛荷兰商馆遗迹（"出岛荷兰商馆迹"简介图片）

图 6-9 肯普弗《日本志》甲比丹礼拜将军图（长崎历史文化博物馆藏，《日本誌：日本の歴史と紀行》/ エンゲルベルト・ケンペル [著]；今井正翻訳，東京：霞ヶ関出版 [発売]，1973年）

图 6-10 约翰尼斯·乔斯顿《动物图说》（国立国家图书馆主页）

图 6-11 《和兰马艺之图》（东京国立博物馆藏）

图 6-12 《唐兰船持渡鸟兽之图》（庆应义塾大学三田图书馆，磯野直秀，内田康夫解说：《舶来鳥獣図誌：唐蘭船持渡鳥獣之図と外国産鳥之図》，八坂书房，1992年）

图 6-13 尾形探香《象之绘卷》，大象途经之地和中御门天皇参观大象的画卷（关西大学图书馆藏）

图 6-14 金阁

图 6-15 《人伦训蒙图汇》中的唐物屋（京都大学附属图书馆藏）

图 6-16 《摄津名所图会》中的唐物屋（神户市立博物馆藏）

图 6-17 "大阪市立住居博物馆　大阪生活今昔馆"中再现的唐物屋

图 6-18 玻璃仙盏瓶（尼德兰制，玻璃器，江户时代输入，神户市立博物馆藏）

图 6-19 带有装饰雕刻 V.O.C 标记的提行灯（长崎制，江户时代，18世纪后半叶，神户市立博物馆藏）

图 6-20　金唐革烟荷包（舶来的金唐革加工成的烟荷包，革为17世纪的，江户时代后期，东京烟草与盐博物馆藏）

第七章

本章首　贴贝书柜，出口欧洲的螺钿工艺品（神户市立博物馆藏，http://www.city.kobe.lg.jp/culture/culture/institution/museum/meihin_new［神戸市博物館 名品选 南蛮美术 貝貼り書箪笥］）

图 7-1　青花菱马水罐（明代仿制品，野崎家盐业历史馆藏）

图 7-2　秋草莳绘提重（江户时代，《前天藏品名品撰—重要文化财"关之原合战图屏风"和工艺的优品》

图 7-3　曜变天目茶碗（家庭画报编：《改装版　决定版お茶の心　茶碗》，"曜变天目"［藤田美术馆藏，国宝］，第18页）

图 7-4　和汉结构图（基本型）（《唐物和东亚》［亚州游学147］，勉诚出版）

图 7-5　东大寺

参考文献

普遍涉及的

荒野泰典、村井章介、石井正敏编:《日本的对外关系二—六》,吉川弘文馆,2010—2013年。

河添房江、皆川雅树编:《唐物和东亚 围绕舶载品的文化交流史》(《亚洲游学》一四七号),勉诚出版,2011年。

夏洛特·冯·费许尔(Charlotte von Verschuer)著,川内春人译:《物品讲述:日本对外交易史(7—16世纪)》,藤原书店,2011年。

对外关系史综合年表编集委员会:《对外关系史综合年表》,吉川弘文馆,1999年。

田中健夫、石井正敏编:《海外视点:日本的历史4—12》,行政出版社,1986—1987年。

皆川雅树:《日本古代王权和唐物交易》,吉川弘文馆,2014年。

森克己:《新编森克己著作集 一—四》,勉诚出版,2008—2011年。

山本博文他编:《NHK追溯日本史:外交编5—9》,NHK出版,2013年。

第一章

安藤更生:《鉴真》(人物丛书),吉川弘文馆,1989年。

神田喜一郎:《鉴真和上和书道》,《艺林谈丛》,法藏馆,1981年。

泷浪贞子:《帝王圣武——天平强劲皇帝》,讲谈社,2000年。

东野治之:《鉴真》,岩波书店,2009年。

东野治之:《正仓院》,岩波书店,1988年。

鸟越泰义:《正仓院药物的世界》,平凡社,2005年。

中西进:《圣武天皇——巨大梦想的苏生》,PHP研究所,1998年。

奈良国立博物馆编:《向正仓院宝物学习》,思文阁出版,2008年。

《别册太阳:正仓院的世界》,平凡社,2006年。

李成市:《东亚的王权与交易》,青木书店,1997年。

第二章

上田雄:《渤海使的研究》,明石书店,2002年。

榎本淳一:《唐王朝和古代日本》,吉川弘文馆,2008年。

龟井明德:《唐·新罗商人的来航和大宰府》,《海外视点·日本的历史5·平安文化的开花》,行政出版社,1987年。

河添房江:《光源氏喜爱的王朝品牌物品》,角川学艺出版,2008年。

熊仓功夫:《茶道的历史》,朝日新闻社,1990年。

神津朝夫:《茶道的历史》,角川学艺出版,2009年。

后藤昭雄:《对承和的憧憬》,《今井源卫教授退官记念　文学论丛》,九州大学文学部国语学国文学研究室,1982年。

小川后乐:《茶的文化史》,文一综合出版,1980年。

小松茂美:《日本书流全史(上)》,讲谈社,1970年。

佐伯有清:《最后的遣唐使》,讲谈社,2007年。

酒寄雅志:《九、十世纪日本的国际关系》(《亚洲游学》二六号),勉诚出版,2001年。

佐野 midori:《王朝的审美意识和造形》,《岩波讲座日本通史》,岩波书店,1995年。

田中史生:《越境的古代史》,筑摩书房,2009年。

田中史生:《最后的遣唐使和圆仁入唐求法》,《遣唐使船的时代》,角川学艺出版,2010年。

出川哲郎:《法门寺出土秘色瓷》,《中国的正仓院法门寺地下宫殿秘宝"来自唐皇帝的礼物"展图录》,新潟县立近代美术馆、朝日新闻社文化企画局、博报堂编,1999年。

原丰二:《遣唐留学生像的受容和变迁》,《源氏物语文化论》,新典社,2014年。

东野治之:《遣唐使船》,朝日新闻社,1999年。

保立道久:《黄金国家》,青木书店,2004年。

三谷邦明：《竹取物语的方法与成立时期——"火鼠裘"和寓言》，《物语文学方法Ⅰ》，有精堂出版，1989年。

皆川雅树：《在九世纪日本的"唐物"的史的意义》（《专修史学》第三四号），2003年。

村井康彦：《国风文化的创造与普及》，《岩波讲座日本历史》，岩波书店，1976年。

村井康彦：《茶的文化史》，岩波书店，1948年。

森公章：《遣唐使的光芒》，角川学艺出版，2010年。

由水常雄：《玻璃与文化——其东西交流》，NHK出版，1997年。

米田雄介：《正仓院与日本文化》，吉川弘文馆，1998年。

渡边诚：《平安时代贸易管理制度史的研究》，思文阁出版，2012年。

第三章

大津透：《道长与宫廷社会》，讲谈社，2001年。

胧谷寿：《藤原道长》，密涅瓦书房，2007年。

河添房江：《源氏物语与东亚世界》，NHK出版，2007年。

京乐真帆子：《平安京贵族文化与气味》，《芳香的源氏物语》，翰林书房，2008年。

仓本一宏：《藤原道长的日常生活》，讲谈社，2013年。

田中圭子：《薰集类抄之研究》，三弥井书店，2012年。

田村园澄:《大宰府探求》,吉川弘文馆,1990年。

桥本雄:《中华幻想　唐物和外交的室町时代史》,勉诚出版,2011年。

皆川雅树:《九至十世纪的"唐物"与东亚》(《人民的历史学》一六六号),2005年。

皆川雅树:《日本古代的对外交易和"东部欧亚"》(《历史学研究》八八四号),2011年。

山内晋次:《奈良平安时代的日本与亚州》,吉川弘文馆,2003年。

山本博文他编:《NHK追溯日本史　外交编9》,NHK出版,2013年。

第四章

网野善彦:《日本社会的历史(中)》,岩波书店,1997年。

网野善彦:《海和列岛的中世》,日本 Rditor School 出版社,1992年。

入间田宣夫、丰见山和行:《日本的中世5　北之平泉,南之琉球》,中央公论新社,2002年。

小岛毅:《中国的历史07　中国思想和宗教的奔流》,讲谈社,2005年。

小松茂美:《平家纳经之研究》(《小松茂美著作集》第十一卷),旺文社,1995年。

五味文彦:《中世漫步》，岩波书店，2009年。

五味文彦:《明月记的史料学》，青史出版，2000年。

五味文彦:《〈徒然草〉的历史学》，朝日新闻社，1997年。

齐藤利男:《平泉——复活的中世都市》，岩波书店，1992年。

高桥昌明:《平清盛、福原之梦》，讲谈社，2007年。

田中健夫:《海外视点　日本的历史6　镰仓幕府和蒙古袭来》，行政出版社，1986年。

永井晋:《金泽贞显》，吉川弘文馆，2003年。

村井章介:《汉诗与外交》，朝日新闻社，1995年。

三田村雅子:《记忆中的源氏物语》，新潮社，2008年。

第五章

江口浩三:《茶人　织田信长》，PHP研究社，2010年。

河合正治:《足利义政》，清水书院，1972年。

熊仓功夫:《茶道的历史》，朝日新闻社，1990年。

熊仓功夫:《小堀远州的茶友们》，大统书房，1987年。

小岛毅:《织田信长　最后的茶会》，光文社，2009年。

樱井英治:《室町人的精神》，讲谈社，2001年。

岛尾新:《会所和唐物》，《中世的文化和场》，东京大学出版社，2006年。

竹本千鹤:《织丰期的茶会与政治》，思文阁出版，2006年。

德川美术馆展示目录:《室町将军家至宝探访》,2008年。

Donald Keene（鬼怒鸣门):《足利义政》,中央公论新社,2003年。

桥本雄:《中华幻想　唐物和外交的室町时代史》,勉诚出版,2011年。

秦恒平:《佐佐木道誉》,《人物日本的历史7　南朝和北朝》,小学馆,1976年。

松冈心平、小川刚生编:《ZEAM Ⅰ　中世的艺术与文化4　足利义满的时代》,森话社,2007年。

三田村雅子:《记忆中的源氏物语》,新潮社,2008年。

村井康彦:《茶文化史》,岩波书店,1979年。

矢部良明:《茶道之祖,珠光》,角川书店,2004年。

第六章

荒野泰典:《日本的历史14　江户幕府与东亚》,吉川弘文馆,2003年。

伊藤三千尾编:《唐物屋及其世相》,1930年。

岩崎均史:《唐物屋杂考》,《荷兰嗜尚——向平民的扩展》,《荷兰嗜尚　锁国下的异国情调》,烟草与盐博物馆编,1996年。

岩下哲典:《江户的海外情报网络》,吉川弘文馆,2006年。

大石学:《江户的外交战略》,角川学艺出版,2009年。

大庭修:《江户时代之日中秘话》,东方书店,1980年。

大庭修：《德川吉宗和康熙帝——锁国下的日中交流》，大修馆书店，1999年。

冈佳子：《唐物屋觉书》（《日本美术工艺》六七二号），1994年。

片桐一男：《江户的荷兰人》，中央公论新社，2000年。

田中优子：《全球化中的江户》，岩波书店，2012年。

烟草与盐博物馆编：《荷兰的消遣方法》，2009年。

《探访大航海时代之日本Ⅰ 南蛮船的渡来》，小学馆，1978年。

德川义宣：《家康遗产中所见世界各式物品》，《海外视点：日本的历史10 将军之国和异邦人》，行政出版社，1987年。

户泽行夫：《江户所窥视之〈西洋〉》，教育出版，1999年。

松尾龙之介：《不识长崎勿谈江户》，平凡社，2011年。

松田毅一：《日本的南蛮文化》，淡交社，1993年。

山田庆儿编：《物之表象·本草和博物学的招待》，朝日新闻社，1994年。

山本真纱子：《从唐物屋到美术商》，晃洋书房，2010年。

横山宏章：《长崎唐人屋敷之谜》，集英社，2011年。

罗纳德·托比（Ronald Toby）：《"锁国"外交》，小学馆，2008年。

第七章

岛尾新：《作为日本美术的"唐物"》，《唐物与东亚 围绕舶载品的文化交流史》（《亚洲游学》一四七号），勉诚出版，2011年。

千野香织：《日本美术之性别（gender）》，《千野香织著作集》，Brücke，2010年。

羽田聪：《中世史料研究与唐物》，《围绕东亚的金属工艺》（《亚洲游学》一三四号），勉诚出版，2010年。

彭丹：《中国和茶碗与日本》，小学馆，2012年。

* 引用的《万叶集》为首的日本古典文学，基于小学馆《新编日本古典文学全集》，也有我重新书写之处。同时，引用文的注意假名，使用了旧假名。

后 记

日本有"历女"[1]一词。

本书中所使用的信长、秀吉、家康这类人物群像，其实是深深铭刻在我的少女时代记忆中的存在。对于从小学高年级就开始沉湎于阅读历史小说、成了 NHK 大河电视剧迷的我而言，我觉得战国的霸者甚至比亲戚还要亲近。

如"历女"先驱那样的、可以说是战国发烧友的少女，不知不觉开始立志做历史研究者的，也或许是自然的发展。然而，最后升学进了国文科的我，成了以《源氏物语》为中心的平安文学研究者。不过，着迷于唐物的世界，在一点一点学习历史学论文之时，研究才又回到了中学生时梦想的结果。

---

[1] 历女，指日本战国时期辅助将军们定天下的女性，表面性情温柔，实际思路敏捷、做事果断，常在将军把握不定或遭遇危机的时候帮助将军做出决定、解决难题。本文中的"历女"的意思，应为女性历史发烧友。

最初我自觉以唐物为主题始自20世纪90年代，对《源氏物语》梅枝卷中出现的唐物的关注即其开端。

战后，就近代以前交易品的研究，除了以森克己《日宋贸易的研究》为首的一系列研究，长期停滞。从20世纪80年代后半逐渐作为对外关系史之一环或东亚关系史的视点开始受到关注，特别是从20世纪90年代后半开始，易于文学研究者参照的历史学成果的积累值得庆幸。立足于其成果，将唐物相关对象分析从《源氏物语》拓展至整个平安文学，我也得以整理了几部著作。

然而，在写作工作中我再次感到，唐物的观点被限于一个时代或领域而进行分析。此问题需要历史学、美术史、文学的合作，时代上也有横向梳理的必要。

就以前往往从古代到近世各个时代，或在历史学、美术史、日本文学各个领域中讲述的唐物，在考虑其合作的同时，希望能够重新解释其历史，是本书撰写的立意所在。

可是，在实际的研究过程中，我才发现还有较多的专业之外的时代或领域要处理，因为超出预想的困难，这令我屡次陷入模糊渺茫的情绪中。那样的时候，让我恢复勇气的有两位先生。一位是小岛毅氏，他虽是中国思想史专业，但也有较多日本史的著述，本书写作过程中也从他那里学到较多关于足利义满、织田信长等的知识。

小岛氏作为东京大学院多学科交流研讨会的协调员，邀请我作客座教员。在此期间我以"东亚的王权与宗教"为题目进行了专题研究讨论，从2009年开始，历时三年，请教了不同领域的诸位前辈，得以参加越过时代超出国境的辩论，这也强烈推进了本书的整理工作。

此外，还要感谢的一个人是唐物的年轻研究者皆川雅树氏。我与皆川氏于2011年秋，在《亚洲游学》杂志共同编辑了唐物特集。由于皆川氏等特集撰写约稿诸位的缘故，我得以详细知晓了迄今历史学、美术史是如何研究唐物的。基于上述原委，在此列举他们的名字以示谢意。

在整理这本新书期间，母亲得病去世，这于我也有点像是为了填埋那种丧失感而连续写作的日子。尽管完稿时间较最初预定的要晚得多，我还是觉得就像昔日说给研究生的故事那样，父亲常教导我说"若是研究者，就要从岩波出书"，现在总算在父亲尚健在之时，能将此书献给他，我感到很幸运。

不管怎样，以这本新书为契机，尽一己之力，若能让众多读者对唐物世界的宽度和深度感兴趣的话，也是一件荣幸至之至的事。

最后，对从图版调整开始的非常烦琐的工作倾注心血的编辑古川义子、帮助整理原稿的桥本裕美表示衷心的感谢。

河添房江
2014年1月

图书在版编目(CIP)数据

唐物的文化史/(日)河添房江著；汪勃,(日)山口早苗译.
—北京：商务印书馆，2018(2020.8重印)
ISBN 978-7-100-13875-8

Ⅰ.①唐… Ⅱ.①河…②汪…③山… Ⅲ.①文化史—研究
—日本 Ⅳ.①K313.03

中国版本图书馆 CIP 数据核字(2017)第098910号

权利保留，侵权必究。

唐物的文化史

〔日〕河添房江 著

汪勃 〔日〕山口早苗 译

商 务 印 书 馆 出 版
(北京王府井大街36号 邮政编码100710)
商 务 印 书 馆 发 行
北京新华印刷有限公司印刷
ISBN 978-7-100-13875-8

2018年6月第1版 开本 880×1240 1/32
2020年8月北京第3次印刷 印张 9¼
定价：68.00元